어린이교육의 기본 바로 알기 시리즈 ⑩

놀이 중심 교육과정에서의 교사 역할 바로 알기

정혜욱 · 김은영 · 윤진주 · 송정아 · 안정원 · 정혜원

대한어린이교육협회

창지사

놀이 중심
교육과정에서의
교사 역할
바로 알기

머리말

지난 2017년 12월 정부는 「유아교육 혁신방안」의 주요 내용 중 하나로 '유아가 중심이 되고 놀이가 살아나는 유아 중심·놀이 중심의 교육과정 혁신'을 발표하였습니다. 이에 혁신방향으로 개별 유아의 다양한 특성을 고려하며, 유아의 자유놀이권장과 현장의 자율성 확대 등이 포함되었습니다. 「유아교육 혁신방안」 이후 2019년 5월 「2019 개정 누리과정(안)」이 발표되기까지 1년 6개월여의 기간은 우리나라 유아교육계에서 유아와 놀이 그리고 교육에 대해 가장 활발하게 생각의 교류가 이루어진 시기가 아니었을까 싶습니다. 정부 주관 설명회 및 토론회뿐 아니라 각종 학회에서 놀이 중심 교육과정의 이해와 적용에 대해 열띤 토론이 연일 이어지며 교육과정 운영에 대한 의견을 나누고 조정하는 시간을 가졌습니다. 다른 급의 학교교육에 비해 유아교육에서는 유아 주도의 경험을 중요시했던 것은 사실이나, 여전히 교사가 교육을 끌어가야 한다는 생각을 갖고 교사 주도의 활동들로 교육과정을 운영했던 것은 아니었는지, 유아의 다양한 관심과 흥미, 요구를 반영하기보다는 획일적인 교육이 이루어진 것은 아니었는지 등 그간 당연시했던 것들을 돌이켜 보았습니다. 동시에 개정 누리과정에 대한 기대와 관심이 지대해졌습니다. 그렇지만 한편으로는 개정 교육과정의 방향과 운영 방법에 대한 교육현장의 고민과 불안 또한 증폭되었습니다.

이 책은 「2019 개정 누리과정(안)」의 실천에 대한 교사들의 고민으로부터 출발하였습니다. 개정 누리과정에서는 유아들의 놀이를 강조하는데, 우리가 했던 놀이는 무엇이었는가? 개정 누리과정에서 주장하는 놀이는 무엇인가? 유아들을 잘 놀게만 하면 교육이 저절로 이루어질까? 놀이를 통해서만 배움이 일어나는가? 의미 있는 배움을 위한 교사의 역할은 무엇인가? 2019 개정 누리과정(안)의 현장 적용을 앞둔 지금 교사들은 그 어느 때보다 많은 고민과 질문을 하고 있을 것입니다. 이러한 고민과 질문에 대해 답을 찾아가는 과정은 쉽지 않습니다. 많은 시간과 노력이 필요합니다. 그렇지만 이것이 바로 교육 전문가로서의 교사가 반드시 해야 할 작업이라고 생각합니다. 교육과정을 실제로 교실에서 구현하는 교사들이 교육과정에 대해 질문하고 이에 대한 답을 찾아가는 과정을 거쳐 교육과정에 대한 이해를 구축하고, 이러한 이해를 자신의 교실 맥락에서 적용하고 실천할 때 가장 바람직한 교육이 일어날 것입니다.

이 책에서는 교육과정 실천가로서의 교사의 역할이 드러나는 놀이 중심 교육과정의 운영 사례를 소개합니다. 유아의 관심과 흥미에서부터 발현된 주제를 중심으로 자발적인 배움이 일어날 수 있도록 교사가 지원해 주고, 동시에 교사의 의도적 교수를 통해서도 유아가 주도적으로 지식을 구성해 나가는 과정에서 교사의 고민과 결정을 함께 나누고자 하였습니다. 유아와 교사가 처한 교육환경은 저마다 다르며, 교육이 이루어지는 맥락 또한 다양합니다. 따라서 이 책의 사례가 정답이 될 수는 없습니다. 그렇지만 유아와 교사 모두에게 의미 있는 교육과정을 만들어 가고자 하는 교사들에게 함께 생각할 수 있는 기회가 되기를 바랍니다.

2019년 7월

저자 일동

놀이 중심 교육과정에서의 교사 역할 바로 알기

차례

놀이 중심
교육과정에서의
교사 역할
바로 알기

Ⅰ. 놀이와 교육

1. 어린이와 놀이

○ 어린이의 삶에서 놀이는 자연스럽게 나타나는 일상이자, 삶 자체이다.

○ 어린이들은 놀이를 통해 전인적 발달을 이룰 수 있으며, 나, 타인 그리고 세상을 이해해 나간다.

○ 어린이의 삶에서 놀이는…

- 대소근육과 오감각의 신체발달을 도우며, 위험한 상황에서 자신을 보호하며 안전하게 지내는 방법을 터득하게 한다.
- 자신의 감정과 의견을 언어로 표현하여 타인과 의사소통을 시도하게 함으로써 언어발달을 이끈다.
- 사회적 관계를 형성하게 한다. 사회관계 속에서 다른 사람의 생각과 정서를 이해하는 능력을 키우며 협력하며 생활할 수 있는 사회적 기술을 획득하게 한다.
- 다양한 문제를 만들고 해결하는 과정 속에서 집중력, 주도력, 자존감, 독립심, 문제해결력 등의 인지발달을 지원한다.
- 순서와 과정에 대한 이해를 키우고 지연되는 만족을 수긍하며 심리적 안정감을

느낄 수 있게 돕는다.

- 상상력과 창의력, 호기심을 확장하고 표현하게 한다.

2. 놀이의 특성

- 긍정적 정서: 놀이를 통해 어린이들은 즐거움, 자유로움, 성취감, 만족감, 편안함 등 긍정적 정서를 경험하고 부정적 감정을 극복할 수 있다.
- 주도성: 누구나 놀이를 시작할 수 있고 원하는 방향으로 이끈다.
- 자발성: 스스로 선택하고 본질적으로 동기화된 것이다.
- 비실제성: 사실 그대로의 것을 넘어선 그 이상의 가상의 것이다.
- 창의성: 장소나 시간, 소재의 제약을 받지 않아 주체적이고 창의적인 생각과 표현이 일어날 수 있다.
- 몰입: 어린이들의 생각과 감정에 빠져드는 것이다.
- 과정 중심: 결과에 대한 평가가 아닌 활동 그 자체에서 만족감을 느낀다.

3. 놀이와 교육의 연계 가능성

- 2019 개정 누리과정(안)은 유아의 전인적 발달과 행복을 추구하는 '유아 중심'의 교육과정임을 그 성격에서 명확히 한다. 사실 유아를 중심으로 한 교육은 우리나라 유아교육의 역사에 언제나 존재해왔다. 제1차 유치원 교육과정(1969. 2. 19.)에서도 "어린이의 흥미와 욕구에 맞는 환경을 주어 어린이들로 하여금 즐거운 가운데서 도움이 될 수 있는 경험"을 하도록 하여 유아 중심의 교육을 명시했으며, 이후 3~5세 연령별 누리과정(이하 '기존 누리과정')에 이르기까지 유아를 중심에 두는 기조는 지속되어 왔다. 그러나 2019 개정 누리과정(안)에서는 유아의 경험에 유아 스스로 주인이 되는 진정한 의미의 유아 중심 교육이 되도록 다시 한번 강조하였다. 이전까지는 교육과정 문서에서 유아 중심 교육

을 강조했음에도 불구하고 많은 현장에서 교사가 주도적으로 준비하는 '계획된 교육과정'에 초점을 맞추고 이에 대한 실행과 평가가 이루어졌다면, 2019 개정 누리과정(안)은 유아와 교사가 함께 중심이 되어 '만들어 가는 교육과정'으로의 관점 전환을 요구하는 것이다.

- 2019 개정 누리과정(안)은 놀이를 통한 배움이 이루어지는 '놀이 중심' 교육과정을 표방한다. 이에 교사는 하루 일과에서 놀이가 충분히 이루어지도록 편성·운영하며, 유아의 흥미와 관심에서 발현된 자유놀이에서 교사가 계획한 활동까지 유아의 참여를 지원하도록 한다. 놀이 중심 교육과정 또한 2019 개정 누리과정(안)에서 등장한 새로운 개념은 아니다. 기존 누리과정에서도 "놀이를 중심으로 교수·학습활동이 이루어지도록 한다"고 하여 놀이를 주요 교육방법으로 제시한 바 있다. 그러나 교육현장에서 본질적 의미에서의 놀이가 실현되고 있었는지에 대한 비판적 시각과 더불어 놀이와 교육의 관계를 재정립하려는 시도가 2019 개정 누리과정(안)에서 이루어진다. 그간 놀이와 교육의 관계에서 두 개념의 경계선은 비교적 뚜렷해 보였다. 즉 유아 자발적인 놀이와 교사 주도적인 교육, 즉흥적인 놀이와 계획적인 교육, 경험적인 놀이와 추상적인 교육, 과정을 지향하는 놀이와 결과에 따른 평가가 따르는 교육 등 놀이와 교육의 구분은 명확했으며, 그 사이에는 엄청난 간극이 존재했다. 비록 최근 들어 놀이와 교육 간 접합의 필요성이 제기되기는 하였으나, 그 접합 지점이 여전히 교육(교사) 중심에 치우쳐 놀이의 본질이 제대로 탐색되지 못했다는 것에 반성의 목소리가 일었다. 이에 2019 개정 누리과정(안)은 놀이와 교육 간의 의미 있는 접합을 추구하면서, 접합의 주체를 보다 유아(학습자) 중심으로 그리고 놀이의 본질에 가깝게 접근하고자 하는 시도이다.
- 유아 중심, 놀이 중심 교육과정은 놀이의 본질적 특성을 교육적 맥락으로 유입시킴으로써 유아가 배움에 대한 긍정적·자발적·주도적인 태도를 형성하고, 비실제적 놀이 속에서 실제적 개념을 습득하고 다양한 문제를 해결하는 능력을 함양할 수 있도록 지원하는 교육과정을 의미한다. 유아 중심, 놀이 중심 교육과

정 구현을 통해 "유아가 놀이를 통해 심신의 건강과 조화로운 발달을 이루고 인성을 바르게 하며 민주 시민의 기초를 형성"하는 교육을 이루는 것이 2019 개정 누리과정(안)이 추구하는 목적인 것이다.

※ 2019 개정 누리과정(안)

요소	2019 개정 누리과정(안)
성격	• 국가 수준의 공통성과 지역, 기관 및 개인 수준의 다양성을 동시에 추구한다. • 유아 중심과 놀이 중심을 추구한다. • 유아의 전인적 발달과 행복을 추구한다. • 유아의 자율성과 창의성 신장을 추구한다. • 유아, 교사, 원장(감), 학부모 및 지역사회가 함께 실현해 가는 것을 추구한다.
인간상	• 건강한 사람, 자주적인 사람, 창의적인 사람, 감성이 있는 사람, 더불어 사는 사람
교육 목적	• 유아가 놀이를 통해 심신의 건강과 조화로운 발달을 이루고 인성을 바르게 하며 민주 시민의 기초를 형성하는 데에 있다.
교육 목표	• 자신의 소중함을 알고, 건강하고 안전한 생활 습관을 기른다. • 자신의 일을 스스로 해결하는 기초능력을 기른다. • 호기심과 탐구심을 가지고 상상력과 창의력을 기른다. • 일상에서 아름다움을 느끼고 문화적 감수성을 기른다. • 사람과 자연을 존중하고 배려하며 소통하는 태도를 기른다.
구성의 중점	• 3~5세 모든 유아에게 적용할 수 있도록 구성한다. • 추구하는 인간상 구현을 위한 지식, 기능, 태도 및 가치를 반영하여 구성한다. • 신체운동·건강, 의사소통, 사회관계, 예술경험, 자연탐구의 5개 영역을 중심으로 구성한다. • 3~5세 유아가 경험해야 할 최소한의 내용으로 구성한다. • 0~2세 보육과정 및 초등학교 교육과정과 연계할 수 있도록 구성한다.
교육 내용	• 신체운동·건강, 의사소통, 사회관계, 예술경험, 자연탐구

요소	2019 개정 누리과정(안)
편성·운영	• 1일 4~5시간을 기준으로 편성한다. • 일과 운영에 따라 확장하여 편성할 수 있다. • 누리과정을 바탕으로 각 기관의 실정에 적합한 계획을 수립하여 운영한다. • 하루 일과에서 바깥 놀이를 포함하여 유아의 놀이가 충분히 이루어지도록 편성하여 운영한다. • 성, 신체적 특성, 종교, 가족 및 문화적 배경 등으로 인한 차별이 없도록 편성하여 운영한다. • 유아의 발달과 장애 정도에 따라 조정하여 운영한다. • 가정과 지역사회와의 협력과 참여에 기반하여 운영한다. • 교사연수를 통해 누리과정의 운영이 개선되도록 한다.
교수·학습	• 유아가 흥미와 관심에 따라 놀이에 자유롭게 참여하고 즐기도록 한다. • 유아의 자유놀이부터 교사가 계획한 활동까지 놀이를 통해 배우도록 한다. • 유아가 다양한 놀이와 활동을 경험할 수 있도록 실내외 환경을 구성한다. • 유아와 유아, 유아와 교사, 유아와 환경 간에 능동적인 상호작용이 이루어지도록 한다. • 5개 영역의 내용을 통합하여 유아의 경험과 연계되도록 한다. • 개별 유아의 요구에 따라 휴식과 일상생활이 원활히 이루어지도록 한다. • 유아의 연령, 발달, 장애, 배경 등을 고려하여 개별 특성에 적합한 방식으로 배우도록 한다.
평가	• 누리과정 운영의 질을 진단하고 개선하기 위해 평가를 계획하고 실시한다. • 유아의 특성 및 변화 정도와 누리과정의 운영을 평가한다. • 평가의 목적에 따라 적합한 방법을 사용하여 평가한다. • 평가의 결과는 유아에 대한 이해와 누리과정 운영 개선을 위한 자료로 활용할 수 있다.

출처: 2019 개정 누리과정(안) 공청회

Ⅱ. 놀이 중심 교육과정 운영에서 교사의 고민과 역할

1. 놀이 중심 교육과정 운영에서 교사의 고민

○ '유아 중심'에 대한 고민 *"유아들을 잘 놀게만 하면 교육이 저절로 이루어질까?"*

- 유아교육의 중심에는 언제나 유아가 있었다. 유아 중심 교육에서는 세상을 탐구하고 표현하는 유아의 독특하고 다양한 방식인 놀이를 존중하며, 놀이를 통해 유아의 발달과 성장이 이루어지도록 한다. 특히 2019 개정 누리과정(안)에서는 지나친 교사 주도의 교육을 지양하며 유아가 자신의 의지로 선택하고 자발적으로 몰입하는 자유놀이의 중요성을 강조한다. 그러나 자유놀이에 대한 높은 관심은 유아 중심 교육에 대한 이해에 교육 현장의 혼란을 가져왔다. 유아 중심 교육에서는 유아가 선택한 자유놀이, 혹은 전적으로 유아가 주도하는 놀이만이 존중되어야 하는 것인가? 유아들이 자유놀이를 하게만 하면 교육이 저절로 이루어질까? 그렇다면 교사가 계획한 놀이나 활동은 유아에게 의미가 없는 것인가?
- 교육계획이란 교육목표를 설정하고, 목표 달성을 위한 구체적인 교육활동과 그 내용, 방법 등을 사전에 계획하는 과정이다. 교사는 교육계획을 통해 교육활동을 개발하거나 결정하고 실천하는 역할을 수행한다. 특히 교과서를 사용하는 교과 중심의 여타 다른 급의 학교교육과 달리 유아의 발달수준과 관심, 요구 등 다양한 특성을 파악하고 이에 적합한 교육을 지원하고자 하는 유아교육의 특성상 교육계획은 매우 중요한 것이다.

- 1차 유치원 교육과정에서부터 기존 누리과정에 이르기까지 교사의 교육계획 및 실천에 대한 중요성은 교육과정 문서상에 지속적으로 기재되어 온 바 있다. 그러나 최근 교육현장과 학계에서는 교육계획에 대한 인식을 재고찰해야 한다는 목소리가 커지고 있다. 이에 지난 2017년 12월에 교육부가 발표한 유아교육 혁신방안에서는 교사의 교육계획이 유아의 다양한 특성을 교육과정에 반영하는 것을 방해하는 주요 요인으로 제시되었다. 이는 많은 교사가 사전에 준비한 교육계획에 지나치게 의존하여 유아의 경험을 구조화함으로써 현장의 다양하고 역동적인 맥락을 실제 교육에 반영하지 못했기 때문이다. 또한 교육과정 운영을 돕기 위해 제시한 교사용 지도서를 교육계획에 그대로 적용하고, 마치 1년의 교과서 진도처럼 순서대로 따름으로 인해 일률적인 교육과정이 운영되기도 하였다.
- 융통성 없고 획일적인 교육계획에 대한 비판은 일면 당연하다. 지나치게 경직되고 구조화된 교육계획은 결국 유아의 필요와 요구를 반영하지 못한 일방적인 교육으로 끝날 수 있기 때문이다. 지나치게 구체적이고 반복적인 형식은 교육계획의 가치를 퇴색시킬 것이다. 하지만 만일 교사가 교육계획을 수립하지 않는다면 유아의 성장과 학습을 위해 무슨 목표를 설정할지, 어떤 방법으로 이 목표를 달성할지, 목표는 효과적으로 달성했는지 등을 어떻게 알 수 있을까? 유아들이 잘 놀기만 하면 교육의 목표가 자동으로 동반되어 달성될 것이라고 믿는 교사들은 아마 없을 것이다. 교사의 계획이나 교육적 의도가 배제된 채 유아가 원하고 즐기는 놀이만이 이루어진다면 학교가 과연 가치 있는 배움의 현장이 될 수 있을까? 놀이를 통해 교육적 성취가 일어날 수 있도록 교사는 가교 역할을 수행해야 하며, 이러한 역할 수행을 위해 교육계획은 가장 필수적인 작업이라 할 수 있다.
- 2019 개정 누리과정(안)은 유아가 경험해야 할 교육내용의 간소화와 교육계획의 유연성을 강조하는 등 교사에게 많은 자율권을 지원하고 있다. 교육과정을 이해하며 계획하고 실행하는 교육과정 실천자로서의 교사의 역할이 그 어떤 시

기보다 중요해진 것이다. 교사는 유아의 놀이와 교사의 교육적 의도를 밀접하게 서로 연계하는 방식으로 교육과정을 재구성하고 이를 교육계획에 반영함으로써, 유아에게 풍부하고 의미 있는 교육적 경험을 제공할 수 있어야 한다. 이때 교육계획은 교사의 가장 실천적이고 전문적인 준비과정이다.

- '연간, 월간, 주간, 일일 계획에 의거하여 운영'할 것을 구체적으로 명시하고 이를 생활주제를 중심으로 모두 작성되고 있는지 유치원 평가에서 점검했던 기존 누리과정과 달리 2019 개정 누리과정(안)에서는 '각 기관의 실정에 적합한 계획을 수립하여 운영'한다고 기술하여 보다 포괄적인 의미로의 교육계획을 제시하였다. 교육계획에 대한 포괄적 관점은 유아의 관심과 흥미, 요구, 특성을 반영하고 교육과정을 운영하는 교사의 자율성을 보장하기 위함이지, 자의적이거나 무계획을 의미하는 것은 아니다. 오히려 국가 수준의 교육과정 준수에만 그쳤던 기존의 교육계획에서 벗어나, 지역사회, 기관, 학급 및 개별 유아의 실정을 파악하여 이를 적절하게 반영하는 개방적이면서도 면밀한 교육계획이 강조된 것일 것이다. 교육계획을 수립하되, 교사 위주의 완성된 교육과정이 아닌 관련 주체자가 함께 만들어 가는 교육과정을 운영하는 것이 2019 개정 누리과정(안)이 추구하는 유아 중심 교육과정의 핵심 방향일 것이다.

○ '놀이 중심'에 대한 고민 *"놀이를 통해서만이 배움이 일어나는가?"*

- 2019 개정 누리과정(안)은 "유아가 홍미와 관심에 따라 놀이에 자유롭게 참여하고 즐기도록 한다"고 하여 놀이를 주요 교수학습방법으로 재차 강조하였다. 기존 누리과정에서 또한 교수·학습활동으로서 놀이의 중요성을 견지하여, 관심과 홍미, 발달이나 환경 특성 등에 따라 유아가 자발적으로 놀이를 선택하고 주도적으로 이를 이끄는 교육이 이루어지도록 하였다. 이에 교사들은 생활주제에 따라 홍미 영역을 구성하여 자유선택활동 시간을 운영하는 등 놀이를 중심으로 하는 교육과정을 운영하고 있었다. 그러나 과연 유아에게 제공된 놀이가

본질적 의미에서의 놀이였는지, 그들에게 허용된 자유와 선택이 진정한 의미의 자유와 선택이었는지, 혹은 놀이 중심 교육이 오히려 유아의 자유와 선택을 제한시킨 것은 아닌지에 대한 반성의 필요성이 제기되었다. 예를 들어, 7월 즈음이 되면 대부분의 교실에서 교사는 생활주제 '여름'과 관련해 교재·교구를 준비하고 흥미영역을 구성할 것이며, '여름'과 관련한 교육활동을 계획할 것이다. 유아들은 교사가 준비한 교육환경 안에서 놀이를 선택하고 참여할 것이다. 물론 여름이 다가오면서 '여름'에 대해 배우는 것은 유아의 일상생활과 연관되어 의미 있는 경험이 될 수 있다. 그러나 대부분의 현장에서는 유아의 일상생활을 관찰하고 반영하여 '여름' 과 관련한 교육과정을 운영하기로 결정한 것이 아닌, 생활주제인 '여름'이 이루어질 차례이기 때문에 '여름'을 교육한다. 유아의 관심과 흥미, 요구를 반영한 교육이 아닌 교사가 일방적으로 미리 계획한 교육인 경우가 대부분이었던 것이다. 이에 2019 개정 누리과정(안)에서는 교육과정의 유아의 참여를 강조하고, 자유의지를 지닌 유능한 존재로서의 유아에 대한 관점 전환을 요구한다. 따라서 그간 다소 간과되었던 유아의 자유놀이는 교사가 계획한 활동과 함께 배움이 일어날 수 있는 매우 중요한 맥락인 것이다.

- 그렇지만 2019 개정 누리과정(안)의 자유놀이 강조는 교육현장의 혼란을 가져왔다. 자유놀이가 마치 유아에게 가장 중요하고 유일한 배움의 수단이자 경험인 것처럼 인식되고 교사의 의도적 교수는 유아에게 무의미하다는 오해가 확산된 것이다. 이에 따라 교사와 같은 외부적 힘에 의해 부여되는 특정 목적에 의한 놀이나 활동이 아닌 순수하게 유아의 의지에 의해서만 이루어지는 자유놀이만이 남아야 한다는 잘못된 인식이 불거졌다. 그러나 유아교육기관이 교육이라는 행위가 이루어지는 장(場)이라는 것을 고려할 때 놀이를 순수한 즐거움으로만 남길 것인가에 대해 진지하게 고민할 필요가 있다. 크리넥스 통에서 연신 휴지를 뽑으며 즐거워하는 영아, 벽돌 블록을 아무 목적 없이 높이 쌓는 유아의 자유놀이는 즐겁고 또 발달적으로 분명 의미가 있다. 그렇지만 즐거움과 현재의 발달수준에만 머물러 있다면 유아의 관심은 바로 소멸할 것이며 더 넓은 범

위의 경험을 얻을 수 없을 것이다. 유아의 흥미와 관심에서 발현된 이 순간을 보다 의미 있는 경험으로 확장하기 위해 교사의 의도가 적절히 개입되는 것이 필요하다.

- 유아 주도의 자유놀이와 교사가 계획하는 활동 간의 관계에 대한 논쟁은 최근 놀이와 교육을 연속체 또는 스펙트럼으로 보는 선행연구들(Epstein, 2014; Pyle et al., 2017; Wood, 2014; Zosh et al., 2018 등)을 통해 다소 해소되는 듯하다. 이 연구들은 공통적으로 유아 주도 경험과 교사 주도의 경험에 대한 이분법적인 사고를 경계하고, 이 두 경험 간의 균형과 통합을 강조한다. 즉 유아들이 자신의 경험을 주도하는 기회를 갖는 것이 중요하지만 이때 교사는 수동적으로 이끌려 가기만 해서는 안 되며, 마찬가지로 교사가 계획하고 주도하는 경험에 유아 또한 적극적으로 참여해야 한다는 것이다. 유아 주도적 경험에서 성인이 적극적인 역할을 할 수 있으며, 성인 주도적 경험에서 유아 또한 스스로 탐구하고 지식을 구성해 나갈 수 있다. 바람직한 교육현장에서는 이 두 가지 경험이 균형을 이루며 교차하며, 이러한 교차를 통해 유아의 배움과 가르침이 효과적으로 일어난다. 여기에서 주목할 것은 유아와 교사, 혹은 유아 주도와 교사 주도는 한쪽이 주도하면 다른 한쪽이 포기하거나, 대립하는 물과 기름의 관계가 아니라는 것이다. 서로를 존중하며 공동의 목표를 설정하고, 소통하고, 상생하는 관계인 것이다.
- 그간 유아교육에서는 다른 급의 학교교육에 비해 유아 주도의 가치를 존중해 온 것은 사실이나, 여전히 교사가 교육을 끌어가야 한다는 생각을 갖고 교사 주도의 활동들로 교육과정을 운영해 왔던 것이 많았다. 교사용 지도서에 의거한 교사 주도의 교육활동들과 자유선택활동 시간 운영의 관습들은 유아에게 다양한 경험을 제공해 주는 긍정적인 측면도 있지만, 교사가 제안한 경직된 구조로 인해 유아에게 오히려 자유로움을 제한하기도 하였다. 2019 개정 누리과정(안)의 자유놀이에 대한 강조는 교사 주도의 활동에 지나치게 의존하는 현장에 대한 반성에서부터 비롯된 것이지, 자유놀이를 통해서만이 배움이 일어난다는 것

을 의미하는 것이 아니다. 유아의 자유놀이에서부터 교사의 의도적 교수까지 교육과정 내 다양한 범위의 놀이-교육의 연계가 이루어질 때 비로소 바람직한 배움이 일어남을 의미하는 것이다.

○ '교육 현장의 자율성'에 대한 고민 *"자율성은 언제 어떻게 발현되는가?"*

- 우리나라의 초기 유아교육과정에서부터 최근의 누리과정까지 전통적으로 유아교육과정은 국가 수준의 교육과정을 따르되 기관의 실정과 유아의 발달수준 및 학급 특성에 적합하게 교육과정을 편성·운영하도록 하는 등 기관과 교사의 자율성을 인정하여 왔다. 이에 다른 급의 학교들과는 달리 유아교육기관들은 자신의 교육철학을 비탕으로 다양한 교육방식을 실천하고자 하였다. 그럼에도 불구하고 2017년 발표된 유아교육 혁신방안에 따르면 현재 유아교육 현장은 자율권이 훼손되어 매우 획일적으로 운영되고 있다. 실제로 4차 유치원 평가(2017~2019)는 교육과정 영역에서 국가 수준의 교육과정에 제시된 목표 및 내용이 반영되었는지를 확인하는데, 교사들은 교사용 지도서에 수록된 생활주제를 중심으로 한 교육활동을 기록하여 제시함으로써 해당 준거의 충족을 안전하게 증명하고 있다. 기관 및 교사 수준에서의 교육과정의 자율성이 제시되기는 하였으나, 책무성에 가려져 제대로 실현되고 있지 못하고 있는 것이다. 획일적인 교육에서 벗어나 유아와 교사가 함께 만들어 가는 교육과정의 성공적인 실현을 위해 현장의 자율성은 핵심적인 요소이다. 형식적인 자율성이 아닌 진정한 의미로의 자율성이 실현되기 위해서는 교육과정의 전체적인 맥락에서 제반 정책들의 검토가 필수적으로 수반되어야 한다.
- 정책적으로 교육 현장의 자율성을 확보하는 것뿐 아니라 교사의 교육과정에 대한 이해와 실천력은 자율성 발휘에 필수적이다. 교육과정의 이해는 교육과정의 내용뿐 아니라 구조와 운영과정에 대한 전반적인 지식 함양을 뜻한다. 이러한 교육과정에 대한 이해를 기반으로 교사는 자신이 처한 상황과 실정에 맞게 교

육과정을 재구성하고 실천해 나가는 실천적인 역량을 지녀야 한다. 유아와 교사가 함께 만들어 가는 교육과정을 구현하고자 할 때에는 더욱 그러하다. 그렇지만 교육과정에 대한 교사의 인식을 조사한 선행연구들은 교사들이 교육과정을 운영할 때 교육과정 문서를 읽는 표면적이고 기술적인 측면에만 주로 머물러왔으며, 교사용 지도서에 수록된 교육활동들을 생활주제에 따라 차례대로 배치하고는 교육과정을 잘 실현했다고 오해하고 있음을 보고하고 있다. 대부분의 교육현장은 누군가에 의해 만들어진 교육과정의 반복으로 운영되고 있었으며, 교사는 수동적인 역할에 머물고 있었던 것이다. 그러나 2019 개정 누리과정(안)은 교사에게 교육과정을 재구성하고 창의적으로 구현하는 보다 적극적인 자세를 요구한다. 특히 기존에 지나치게 세분화되고 복잡했던 교육내용을 '유아가 경험해야 할 최소한의 공통내용'으로 간소화한 2019 개정 누리과정(안)의 성공적인 운영을 위해서 교사는 기관 실정과 유아의 상황과 요구에 맞는 적합한 교육과정을 개발하고 운영하는 주체적 전문가로서의 역할을 수행해야 한다. 끊임없이 고민하고 성찰하며 결정하고 수정·개선하고자 할 때 비로소 교사는 교육 전문가로서 성장할 수 있을 것이며, 진정한 의미의 유아 중심, 놀이 중심 교육과정의 실현이 가능할 것이다.

2. 놀이 중심 교육과정 운영에서 교사의 역할

- 2019 개정 누리과정(안)은 3~5세 유아들이 보편적으로 학교에서 가르쳐지고 학습되어야 한다고 기대되는 최소한의 내용으로 구성되어 있는 국가 수준의 교육과정이다. 기존 누리과정은 교육과정의 개발에서부터 운영 및 평가에 이르기까지 국가가 실행의 주체였다면, 2019 개정 누리과정(안)에서는 지역사회, 학교 및 학급, 교사와 유아에게 보다 많은 권한을 위임하며, 이 중 교사의 역할은 매우 중요하다. 만들어 가는 교육과정을 주체적으로 이끌고 실천하는 과정에서 교사가 수행해야 하는 역할을 민감한 관찰자, 유연한 계획자, 협력적 지원자,

실천적 연구가로 구분할 수 있다. 이러한 구분은 개념의 정립을 위해 편의적으로 이루어졌지만 실제 교육 현장에서 교사는 다양하고 복합적인 역할을 동시에 수행한다. 이에 교사의 역할에 대한 구분을 교육과정의 계획·운영·평가하는 각각의 과정에 적용시키기보다는 놀이 중심의 교육과정을 운영하는 데 전반적으로 필요한 교사의 자질로서 이해하는 것이 적절하겠다.

○ 민감한 관찰자

- 놀이 중심 교육과정 운영의 시작에는 교사의 관찰이 있다. 일상생활에서 교사들은 유아들의 다양한 모습을 관찰한다. 그러나 교육과정 운영을 위한 관찰은 일상적이지만 보다 의도적이어야 한다. 무슨 놀이를 어떻게 하는지, 왜 하는지 관찰하고, 놀이의 변화를 통해 유아의 발달과 생각을 알 때 교사는 유아의 흥미와 요구에 기반을 둔 놀이 중심 교육과정을 개발할 수 있다.
- 관찰을 기반으로 한 교사의 효과적인 개입은 대부분의 유아들이 방해라고 생각하기보다는 오히려 환영하며, 놀이를 중단시키는 것이 아닌 오래 지속시키고 확장시키며 놀이 경험을 더욱 풍부하게 한다. 또한 놀이의 흐름을 방해하지 않으면서 관찰하는 것은 유아의 생각을 존중하며 유아가 참여하고 있는 놀이의 가치를 인정하는 것을 의미하며, 이에 유아들은 안심하고 자신의 생각을 마음껏 펼칠 수 있게 된다. 또한 개별 유아들의 놀이 경험과 전체 교실의 흐름 및 맥락을 함께 고려하여야 이를 교육과정 운영의 기초로 삼을 수 있다.
- 그러나 유아들이 놀이에서 창조하고 구성하는 의미가 교사에게 잘 보이지 않고 들리지 않을 수 있다. 유아들이 세상의 의미를 생성하고, 이를 주제와 상황, 사람 등과 연결시켜 확장해 나가는 독특한 사고방식은 겉으로 쉽게 드러나지 않기 때문이다. 일반적으로 초임교사들은 눈앞에 보이는 것에 초점을 맞추며 유아가 '무엇'을 하는지에 대한 구체적이고 단편적인 양상을 기술하는 것에 머무는 편이다. 그것이 틀리지는 않았지만, 유아의 숨겨진 의도를 이해하는 데는 부

족하다. 유아의 다양한 상징을 통해 교사는 유아가 '왜', '어떻게' 하는지에 대한 유아의 추상적 사고를 이해하도록 노력해야 하며, 이를 위해 교사의 귀 기울임은 무엇보다 중요하다. 이때 귀 기울임은 단지 귀로만 듣는 것이 아닌 다양한 감각을 이용하여 다양한 방법으로 민감하게 받아들이는 모든 것을 뜻한다(Renaldi, 2006). 교사의 민감한 관찰은 유아의 현재-과거-미래, 놀이를 통한 직접적 경험과 추상적 교과 지식의 관계를 유기적으로 통합할 수 있게 하는 시작이며 근간이 된다.

○ 유연한 계획자

- 교육과정 실천자로서의 교사의 역할과 함께 교사가 지녀야 할 중요한 태도는 유연성일 것이다. 일부에서는 놀이 중심 교육에서는 유아의 주도성과 자발성을 유지하기 위해 교사의 계획을 무조건적으로 제한한다고 오해하기도 한다. 그러나 교육기관에서의 놀이는 교육적 목적 없이 즐거움만이 강조되는 자유놀이만을 의미하는 것이 아니며 교사의 개입이 적절히 이뤄질 때 오히려 놀이가 더 지속되며 의미 있는 배움이 발생한다. 이러한 놀이를 통한 배움(learning through play)이 바람직하게 실현되기 위해서 교육계획은 필수적이다. 유아의 발달 특성과 수준에 맞게 경험해야 할 내용을 놀이답게 연결되도록 계획하는 것이 교사의 할 일이다. 무계획이 아닌 오히려 더욱 면밀한 계획이 강조된다.
- 면밀한 계획이라고 함은 완벽하고 고정불변의 절대적인 계획을 뜻하는 것이 아니다. 오히려 교사는 유아의 흥미나 제안에 반응하여 필요할 때마다 언제든지 수정할 수 있어야 한다. 교사의 계획은 고정되고 불변하는 것이 아니라 상황과 조건에 따라 다른 가능성을 열어놓고, 대안적인 방식으로 사고하려는 개방적이고 수용적인 태도를 갖춘 유연한 계획자가 되어야 하며, 태도의 변화에서 머무는 것이 아닌 변화하는 맥락에 따라 다른 선택을 실현할 수 있는 실천 역량을 갖춰야 한다.

○ 협력적 지원자

- 교육현장은 유아의 개인적 가능성을 확장시키는 공간이 되어야 한다. 크든 작든 무엇이든 가능한 공간, 유아의 아이디어나 관심이 거리낌 없이 발휘되며 실현될 수 있는 공간, 배움과 가르침의 경계가 확산되는 공간이어야 한다. 이를 위해 하루 일과는 교사가 계획한 고정적이고 획일적인 일과가 아닌, 유아의 흥미와 관심을 존중하고 놀이에 몰입하고 확장할 수 있도록 운영되어야 한다. 필요에 따라 확장하고 축소하며 통합하며 분리할 수 있는 융통성 있는 공간, 새로운 방식으로 시도해 보려는 동기가 유발되고 안정적이고 집중적으로 놀이와 학습에 참여할 수 있는 공간이 필요하다. 사용법이 정해져 있는 '장난감'이 아닌 비구조적이고 개방적인 매체를 선택하고 이를 관심과 동기를 불러일으키는 방식으로 제시하는 것은 유아의 확산적 사고를 촉진한다.
- 시간, 공간, 물리적 지원은 교사-유아와의 협력적 관계를 통해 효과적으로 이루어질 수 있다. 놀이 주제가 무엇이고 왜 놀이하는지? 유아의 관심이 무엇인지? 유아의 사전 경험 및 현재 발달수준은 어떠한지? 무엇을 더 하고 싶은지? 관찰은 이러한 질문에 따른 필요한 자원을 적절한 시점에 적절한 방법으로 지원할 수 있게 한다. 중요한 것은 교사의 일방적인 결정이 아닌 유아의 놀이와 일상생활에 대한 충분한 관찰에 기반을 둔 지원이어야 한다는 것이다. 자원의 제공뿐만 아니라 적절한 개입을 통해 교사는 유아의 놀이를 지원할 수 있다. 교사가 놀이에 적절하게 참여하고 유아의 이야기를 경청하며 놀이에 관심을 보이는 것은 그 자체만으로도 정서적 지원이 된다. 교사의 적절한 상호작용은 유아의 놀이를 정교화하는 데 도움을 주며, 놀이를 교육적 경험으로 전환하는 등 놀이 경험을 지원한다.

○ 실천하는 연구가

- 유아들은 예측 불가하며, 즉흥적이고, 창의적이며, 매우 열정적이다. 유아들의 말과 행동에 대해 교사는 늘 해결되지 않는 의문과 어려움을 느낄 수밖에 없다. 이에 교사는 유아의 일상을 탐구의 대상으로 삼고 이를 교육이라는 특별한 의미를 갖는 활동과 연결 짓기 위해 실제적이고 구체적인 지식을 연구해야 한다. 이때 교사는 일방적으로 지식을 전수하는 기계적인 역할을 하는 것이 아니라 창조적이고 실험적인 방법을 탐구하는 연구가가 된다. 교사의 전문성은 큰 이론(Theory)을 얼마나 교육현장에 잘 전달하는가에 있는 것이 아니라, 자신의 교실 내에서 활용되는 작은 실천적 이론(theory)을 구성해 나가고 이를 실행해 나가는 데 있다.
- 실천적 이론을 구축하고자 고민하는 교사의 태도는 유아 중심, 놀이 중심 교육과정을 구현하는 데 매우 필요하다. 타인에 의해 만들어진 큰 교육과정이 아닌 지역사회, 기관, 학급의 유아, 교사가 함께 만들어 가는 작은 교육과정은 각 주체들의 다양하고 특수한 목소리의 반영을 가능하게 한다. 이러한 각 교육주체들의 적극적인 협력과 참여를 위해서 실천적 문화 형성이 필요하다. 개별 교사의 노력만으로는 부족하기 때문이다. 실천적 문화 형성을 위해 교육과정을 구성하는 관계자들과 함께 고민하고 의견을 조정하며 협의하는 작업이 선행되어야 한다. 이것은 잘잘못을 따지기 위함이라든지, 질문에 대한 완벽한 대답을 얻기 위함이라기보다는 새로운 관점과 또 다른 해석을 얻기 위함이다. 당연하다고 생각했던 전제들을 헤쳐보고 이로 인해 바람직한 실천이 방해받지 않았는지 되짚어 보기 위함이다. 또한 인식하지 못했던 문제를 포착하여 다시 출발할 수 있도록 서로를 지원하기 위함이다. 이러한 출발이 교육과정을 함께 만들기 위한 여정 위에 우리를 올라서게 도와줄 것이고 변화의 시작을 가능하게 할 것이다.

Ⅲ. 놀이 중심 교육과정의 운영과 절차

1. 놀이 중심 교육과정의 운영

지금까지 국가수준의 교육과정은 계획된 교육과정으로서 연안을 바탕으로 월안이나 주안, 일안을 작성하여 계획·실행·평가의 단계를 거쳐 운영되었다. 과잉 친절이라고 할 만큼 교사의 생각이나 고민 없이도 영아 보육프로그램이나 누리과정 교사용 지도서를 보면서 하루를, 한 해를 보내며 교사의 역할과 임무를 충실히 다하는 것으로 느꼈을지 모른다. 물론 계획된 교육과정을 토대로 주제와 관련된 다양한 놀이와 활동을 접목시키기도 하고 창의와 융합의 사고로 각 기관마다 철학과 특색을 반영하기도 했다.

새로 개정되는 놀이 중심 교육과정은 지금까지의 교육과정 운영방법이나 교사의 역할이 모두 잘못되었다고 부정하는 것도 아니고 부인해서도 안 되며 모두 뒤집어엎고 완전히 새로운 틀을 만들자는 것이 아니라고 생각된다. 그동안 많은 연구를 통해 교육과정과 프로그램을 개발해 왔고, 그 덕분에 유아교육 현장이 지속적으로 발전해 온 것은 사실이기 때문이다. 현장에서는 친절한 지도서와 프로그램 덕분에 기초적인 틀을 마련할 수 있었고 초임교사나 운영에 어려움이 있는 교사에게 나름 도움이 되었다. 하지만 시대적 변화를 반영한 교육과정 개정에 있어서 우리가 당연하게 여겼던 일들을 다시 한번 돌아보고 재조명해야 할 필요성은 있었다. 이에 우리는 '놀이 중심 교육과정'이라는 용어를 접하게 되었고 이 용어는 상당히 익숙하고 친숙하게 들렸지만 지금까지 해 온 것은 놀이가 아니었는지에 대한 의문과 더불어

'어떻게' 하는 것이 놀이 중심 교육과정인지에 대한 궁금증과 의문을 갖게 되었다.

놀이 중심 교육과정은 놀이가 중심이 되어야 하는 것이지 놀이만 하는 교육과정이 아니며 주제나 내용, 목표 없이 그날그날 아이들이 원하는 것을 마음껏 하게만 하는 주먹구구식의 교육과정을 의미하는 것이 아니다. 교사는 가정이 아닌 교육기관에서 교사의 역할을 충실히 하려면 무심한 방관자가 되어서는 안 되며 영유아의 관심과 흥미를 반영하여 교육적인 의도를 가지고 이끌어 갈 수 있는 진정한 교육자가 되어야 한다. 따라서 국가수준의 교육과정 목표와 내용을 바탕으로 연안, 월안이나 주안, 일안이 계획되어야 하고, 그 계획은 고정된 것이 아니라 지속적인 관찰과 교사의 성찰을 통해 재조정되어야 한다. 놀이 중심 교육과정은 하루 일과에서 놀이뿐만 아니라 필요에 따라 집단활동을 실시할 수도 있고 정적 활동과 동적 활동의 기회를 골고루 제공하여야 하며 영유아의 개별성을 존중하고 일상이나 경험이 반영된 것이어야 한다.

그렇다면 무엇이 달라져야 하는가? 유아교육과정의 핵심원리나 형식은 유지하되 의미가 달라져야 할 것이다. 즉, 주제를 정하되 정하게 된 이유가 무엇인지, 영유아의 관심이나 흥미에서 발생한 것인지 아니면 교사의 교육적인 의도에 의해 결정되었는지, 만약 그렇다면 그것을 왜 교육의 기회로 계획하게 되었는지에 대한 교사의 철학과 성찰이 필요하다. 또한 주안이나 일안 역시 상황이나 맥락을 반영하지 못하고 있는 교사지도서나 프로그램 책 그대로를 베껴 쓰고 실행하는 것이 아니라 왜 지금 이 순간에 이 놀이나 활동이 필요한지 고민하고 성찰하면서 계획한 것을 검토하고 수정하며 채워 나가는 교육과정이 되어야 한다. 이러한 고민과 성찰은 교사가 무엇을 가르쳐야 하는지, 왜 가르쳐야 하는지, 어떻게 가르쳐야 하는지에 대한 답을 가져다줄 것이며 교사 역시 성장하는 계기가 될 것이다.

2. 놀이 중심 교육과정의 운영 절차

1) 놀이 중심 교육과정의 계획

놀이 중심 교육과정의 계획에 있어서 연안, 월안이나 주안, 일안 작성 시 고려해야 할 사항은 다음과 같다.

○ 연안

- 주제나 소주제를 미리 정하는 것이 아니라 지난해 연간 행사 및 해당 연도에 참고해야 할 만한 일정(소풍, 운동회, 참관 및 참여수업, 부모상담, 입학 및 졸업, 방학, 국경일 및 공휴일 등)을 중심으로 계획, 기록함
- 해당 해의 일정을 고려하여 월안이나 주안, 일안 계획 시 반영할 수 있도록 함
- 범교과(예: 안전교육, ESD 등) 관련 일정을 반영함

○ 월안 또는 주안

- 연안(일정)을 고려하여 작성함
- 월안이나 주안에 계획되는 주제 및 소주제는 미리 정해놓는 것이 아니라 관찰을 통해 영유아의 관심과 흥미를 반영하여 선정함
- 주제가 선정되면 관련 개념이나 다루어야 할 내용을 대략적으로 계획함(너무 세부적이거나 구체적이기보다 큰 틀에서 생각)
- 국가수준의 교육과정을 염두에 두고 교육목표를 정함
- 목표를 달성할 수 있는 다양한 방법(자유놀이나 대소집단 활동/흥미영역이나 활동유형)을 현재 영유아의 발달이나 지식, 사전 경험 등을 고려하여 대략적으로 계획함
- 월안이나 주안에 기록되는 놀이나 활동은 미리 계획하되 흥미와 관심에 따라 순서는 무관하며 상황에 따라 변경 또는 삭제, 추가될 수 있음

○ 일안

- 주안을 고려하여 작성함
- 영유아의 관심과 홍미, 그 날의 날씨나 상황 등을 고려하여 변경 가능함
- 일안이 어떠한 이유로 변경, 삭제, 추가되었는지에 대해 기록함
- 선정된 활동은 어떠한 이유로 실시하게 되었는지, 목표, 내용, 방법은 무엇인지 기록함
- 하루 동안 일어났던 일을 돌아보며 활동평가 및 일일평가를 통해 다음 날의 진행 방향과 지원해 줄 방법에 대해 생각하고 반영함

2) 놀이 중심 교육과정의 실행

놀이 중심 교육과정의 실행에 있어서 먼저 주제를 선정하고 주제를 통해 무엇을 가르칠 것인가에 대한 주제 관련 개념을 생각한 후 국가수준의 교육과정 목표와 내용을 수행할 수 있는 목표를 선정한다. 이것을 바탕으로 주안을 작성하고 주안에 따라 하루를 계획, 운영하되 유아의 관심과 홍미가 무엇인지, 왜 이 놀이나 활동이 필요한지 관찰과 성찰을 통해 전개해 나가도록 한다. 이때 교사는 지식과 판단, 전문적인 능력을 발휘하여 유아의 학습 경험을 조직화하고 목표 성취를 위해 적합한 교수전략을 사용하며 매일의 평가를 통해 다음의 계획에 반영하여야 한다.

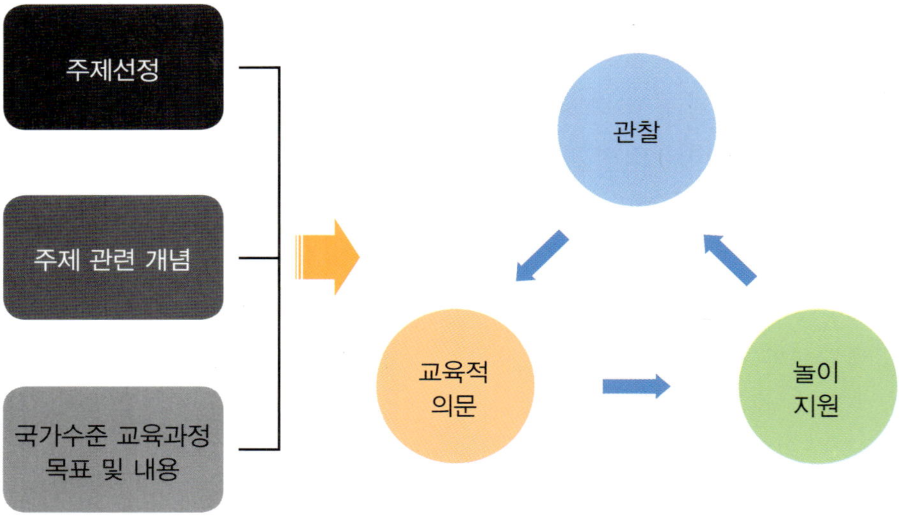

〈교육과정의 운영 절차〉

1 주제선정

- 관찰을 통해 영유아의 흥미와 관심을 파악함
- 영유아의 흥미와 관심이 주제로 적합할 것인지에 대해 생각하고 선정함
- 주제를 선정하였다 하더라도 다른 것에 관심이나 흥미를 보인다면 다양한 방법으로 동시에 지원해 줄 수 있어야 함(모든 영유아가 일관된 주제만으로 놀이하는 것이 아님)

❷ 주제 관련 개념

- 교사는 주제에 관한 많은 정보를 알아야 하고 사전지식이 필요함
- 교사는 마인드맵이나 동료 교사와 함께 브레인스토밍을 통해 영유아에게 적용할 수 있는 다양한 개념을 나열해 봄
- 관련 개념은 해당 영유아의 발달과 사전 경험, 지식 등을 바탕으로 구성하여야 함
- 너무 세부적인 내용보다 큰 개념을 우선 선정하고 영유아의 관심과 흥미에 따라 보충해 나가는 방식으로 진행함
- 교사의 생각만으로 구성하기보다 유아와의 이야기를 통해 알고 싶은 것에 대한 의견을 반영해도 좋음

❸ 교육목표

- 국가수준 교육과정의 목표와 내용을 숙지하고 있어야 함
- 개념도를 염두에 두고 국가수준 교육과정의 목표와 내용을 어떻게 반영할 것인지 생각하고 계획함
- 선정된 주제에서 교육과정의 모든 영역을 다 다룰 필요는 없으나 이전 주제에서 다루지 못했거나 미흡한 부분이 무엇이었는지 참고하여 계획하는 것은 필요함
- 세부적인 목표보다 포괄적인 목표로 계획하는 것이 바람직함

❹ 교육과정 전개

- 관찰을 통해 영유아의 관심과 흥미가 무엇인지를 파악하고 교사는 교육적인 의도(개념과 목표 염두)를 왜, 언제, 어떻게, 무엇을, 누구에게 반영할 것인지 고려하여 전개해 나감

- 교사는 지속적으로 영유아를 관찰하면서 흥미와 관심뿐만 아니라 발달이나 지식수준을 파악하여 이후의 놀이나 활동을 계획해 나감
- 관찰하는 동안 영유아가 흥미를 보이는 이유가 무엇인지, 교육적으로 지원이 필요한 부분이 무엇인지 등을 파악하고 환경이나 상호작용 등을 통해 지원해 줌
- 놀이나 활동을 통해 주제 관련 개념을 전개해 나갈 때, 한 개념이 시작된다고 해서 해당 개념만 다루는 것이 아니라 다른 개념이 동시에 다뤄질 수 있으며, 교사가 가르칠 개념을 미리 순서대로 정해 놓거나 계획된 개념만 다루는 것이 아님

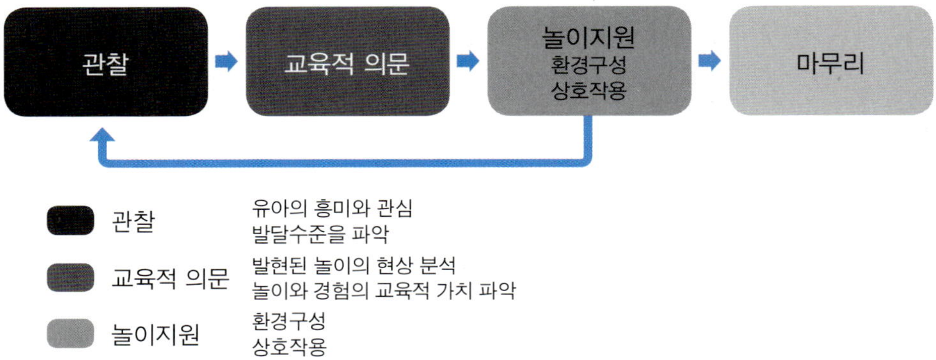

5 평가

- 목표대비 평가를 실시함
- 계획한 목표에 대한 실행 여부와 변경, 추가, 삭제된 부분을 점검함
- 개별 평가 및 해당 학급 전체 영유아에 대한 평가를 실시함
- 운영 전반에 관한 평가가 이루어져야 함
- 교사 자신을 돌아보는 평가가 필요함
- 평가를 마친 후 다음 계획에 반영함
- 부모면담의 자료 및 생활기록부에 활용함

Ⅳ. 놀이 중심 교육과정 운영의 실제

1. 만 1세 – 물과 거품

1) 주제

- 물과 거품(만 1세)

2) 선정 이유

물은 영아가 씻고 마시는 것뿐만 아니라 식물에 물주기, 물놀이하기 등 일상에서 많은 기회를 통해 접하고 사용하는 것입니다. 어느 날, 한 영아가 손을 씻는 도중 물을 가지고 놀이하기 시작했습니다. 수도꼭지에 손을 가까이 또는 멀리 대면서 물의 움직임에 관심을 보이기도 하고 개수대에 물을 채워 손으로 튀기는 것에 흥미를 보였습니다. 이것을 본 다른 영아가 옆자리에서 따라 하기 시작했고, 손을 씻으러 들어간 영아들은 눈 깜짝할 사이 자체적으로 물놀이터를 만들어 가고 있었습니다. 교사는 일단 옷이 젖어 감기에 걸리거나 갈아입을 옷이 마땅치 않을 수 있어 제지하였지만 그 이후로 몇 번 반복되는 상황에 맞닥트리게 되면서 물이 영아에게 흥미로움을 주고 이것을 교육의 기회로 삼아야겠다고 생각했습니다.

3) 교육목표

신체 (신체운동 · 건강)	• 물을 이용해 주변이나 몸을 깨끗이 한다. • 대·소근육을 조절하며 물을 탐색한다.
언어 (의사소통)	• 교사의 말을 모방하여 '물'과 관련한 의성어·의태어를 말한다. • 물놀이를 하며 자신이 느끼는 감정과 느낌을 짧은 문장으로 표현한다.
사회 · 정서 (사회관계)	• 물놀이를 통해 느끼는 나의 욕구와 감정을 나타낸다. • 교사·또래와 함께 물놀이를 즐긴다.
감각탐색 (자연탐구)	• 물에 대해 의도적인 탐색을 시도한다. • 교사와 함께 물을 탐색하며, 그 특성을 경험한다.

4) 교육과정 전개

물 탐색하기

손으로 탐색하기

발로 탐색하기

바닥에 있는 물 비벼 보기

관찰	• 물놀이 대에 손을 넣고 움직이며 물이 움직이는 것을 탐색함. 손이 움직이는 각도, 방향, 폭에 따라 물의 움직임이 다르게 나타나는 것에 관심을 보임 • 물속에 발을 넣고 서서 시원해! 차가워! 라고 느낌에 대해 이야기함 • 물을 탐색하는 과정에서 물 놀이대를 넘어 바닥으로 물이 흘러나오자, 손으로 비비며 촉감이 다른 것에 흥미를 보임
교육적 의문	• 영아는 신체를 활용해 물을 탐색하고, 물에 가하는 힘으로 물이 움직인다는 것을 인식하고 있음. 물이 움직이는 여러 가지 방법에 대해 모델링해 주고 탐색하도록 지원함 • 바닥에 떨어진 물은 투명한 특성 때문에 육안으로 구분되지 않았지만, 영아는 '축축한 촉감'으로 바닥에 물이 있음을 인지함. 물 놀이대의 바닥과 깔개 바닥에서 비볐을 때 느낌이 다르다는 것을 인식할 수 있도록 지원함
지원 – 방법	• 영아의 행동에 따라 물의 움직임이 다양하게 나타나고 있음을 이야기해 주거나, 느낌에 대해 상호작용

힘의 세기 조절하여 물놀이하기

손바닥으로 물 내려치기

힘의 세기 조절하며 물 내려치기

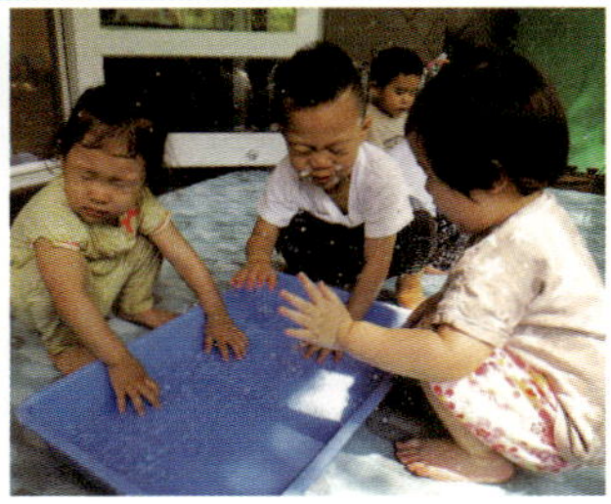

타인의 부정적 감정 인식하고 나의 행동 조절하기

관찰		• 물을 탐색하던 중 손바닥으로 내려쳤을 때 물이 튀어 오르는 것을 발견함. 영아들은 물이 더 튀게 하려고, 자신의 팔을 더 높이 올렸다가 내려치며 의도적인 반복을 시도함 • 물이 튀어 오르면서 또래의 얼굴에 튐. 얼굴에 물을 맞은 영아는 눈을 찡그리며 부정적인 정서를 표현함. 물을 튀게 한 영아는 찡그린 또래의 표정을 바라봄
교육적 의문		• 물놀이 중 손바닥 부분을 이용하기 시작하므로 신체 명칭을 보다 구체적으로 인식할 수 있도록 손바닥, 손가락, 손등 등의 단어를 표현함 • 물에 가하는 힘의 강도에 따라 다른 결과가 나타남. 물에 힘을 가하는 방법, 강도의 세기 등에 대해 언어로 표현해 주며 인과관계를 인식하도록 지원해야겠음 • 얼굴에 물이 튄 또래의 부정적 정서를 인식하고, 물을 내려치는 강도를 조절하도록 지원할 필요성이 있음
지원	방법	• 물에 가하는 힘의 세기에 따라 물이 튀어 오르는 높이도 달라짐을 인식하도록 상호작용 • 놀이 중 또래와 갈등상황을 인식하고, 적절히 해결할 수 있도록 지원

물 담고 쏟기

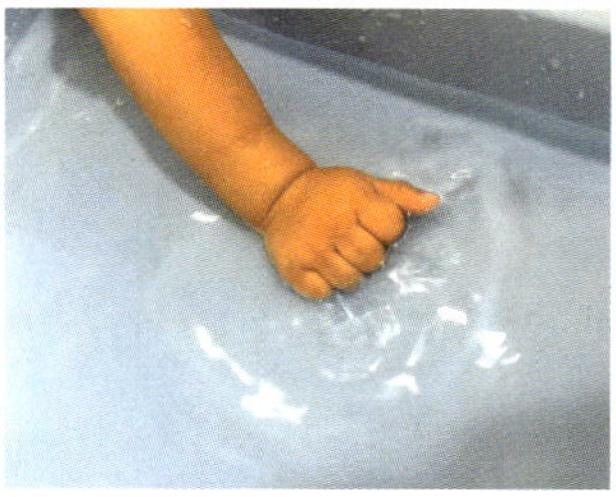

물을 잡거나 움켜쥐기

여러 가지 그릇에 물 담고 쏟기

교사에게 물 옮겨 받기

관찰		• 물을 잡기 위해 물속에서 손을 움켜쥐는 행동을 보임 • 물을 모으기 위해 자신의 손 모양을 오목하게 만듦. 손바닥에 모은 물을 다른 사람에게 전달하거나 다른 곳으로 이동시켜서 뿌리는 행동을 반복함
교육적 의문		• 물은 그 자체로 형체나 모양이 없다는 사실에 대한 인식이 부족하므로 손으로 잡으려는 시도가 나타남. 영아가 물의 형체를 알 수 있는 방법에 대해 고민함 • 손을 모아 물을 담는 것은 양이 제한적이라서 놀이 확장이 어려움. 물을 담을 수 있는 교구를 제공해야겠음
지원	환경	• 물을 담을 수 있는 다양한 용기 (예: 납작한 접시류와 오목한 그릇류, 입구가 좁은 것과 넓은 것, 비치는 것과 비치지 않는 것 등)
	방법	• 용기에 물을 담았을 때, 물의 색·형태가 용기의 색·형태와 같아짐을 인식하도록 상호작용 • 용기 안에 물을 채우거나 비우는 놀이 행동을 짧은 문장으로 표현

물줄기 탐색하기

물줄기 만들기/촉감 느끼기

물줄기와 물방울 보며
'비'관련 경험 표현하기

물체의 기울기에 따라
이동하는 물의 움직임 살펴보기

<table>
<tr><td>관찰</td><td colspan="2">• 구멍이 있는 그릇에서는 물이 아래로 떨어지고, 물줄기가 생기는 것에 흥미를 보임. 영아는 물줄기와 물방울을 손으로 만지며 촉감을 느낌. 점차 다수의 영아가 물줄기를 만드는 구멍 있는 그릇을 갖고 싶어 함
• 구멍에서 물줄기가 떨어질 때, 물줄기가 아래로 내려갈수록 물방울로 흩어 떨어짐. 한 영아가 '비'라고 말함</td></tr>
<tr><td>교육적 의문</td><td colspan="2">• 연령 특성상 놀잇감을 함께 쓰거나 순서대로 쓰기 어려우므로 구멍이 있는 그릇의 양을 충분히 제공해야겠음. 기존의 교구 외에도 구멍이 있는 그릇을 추가로 제시하거나, 페트병에 구멍을 뚫어서 제작해 주기로 함
• 그릇에 있는 구멍의 크기나 개수에 따라 물줄기의 특성도 달라짐을 인식하고, 자신이 원하는 결과를 얻기 위해 그릇을 선택함. 물줄기와 물방울이 떨어지는 현상을 보고 자신의 생각을 표현한 것에 대해 격려함. '비' 관련 경험 대해 짧은 문장으로 표현하거나 놀이로 표상하도록 상호작용해야겠음
• 물줄기를 통해 물이 위에서 아래로 이동한다는 개념을 경험하고 있음. 영아가 자유롭게 기울기를 조절할 수 있는 교구를 제공하고, 물의 이동을 인식할 수 있도록 지원해야겠음</td></tr>
<tr><td rowspan="2">지원</td><td>환경</td><td>• 구멍이 있는 페트병
• 물을 흐르게 하는 수로나 관, 아크릴 통, 호스 등</td></tr>
<tr><td>방법</td><td>• 물줄기를 탐색하며 떠오른 느낌과 생각에 대해 또래와 의사소통을 시도하도록 상호작용
• 물체의 기울기는 그 안에 담긴 물의 이동 방향에 영향을 준다는 것을 인식할 수 있도록 지원</td></tr>
</table>

비누 거품 탐색하기

물거품 만들기

비누 거품 만들기

비누 거품 속에 놀잇감 숨기고 찾기

관찰	• 물이 떨어지거나 튕길 때 생기는 물거품에 관심을 보임. 물속에서 손을 빠르게 흔들며 물거품을 만들고 싶어 했으나, 물거품이 금방 터져서 아쉬워함 • 물에 세제를 혼합해서 제공하자, 월령이 빠른 영아들은 손을 빠르게 저으며 주도적으로 비누 거품을 만듦. 비누 거품의 촉감을 느낀 후, 긍정적 정서를 표현함 • 비누 거품과 관련한 경험(손씻기, 목욕) 등을 표현하기도 함. 전반적으로 혼자 놀이하거나 교사와 일대일로 상호작용만 하려는 경향이 있음 • 비누 거품을 많이 만든 후, 우연히 그 밑으로 또래·교사의 손을 만짐. 많은 비누 거품 밑으로 타인의 손을 접촉하자 놀라움을 표현함
교육적 의문	• 순수한 액체로 생성되는 거품은 오래 유지되기 어려움. 물과 세제를 혼합해서 오래 유지할 수 있는 비누 거품을 제공할 필요성이 있겠음. 물과 다른 물질과의 혼합과정을 직접 경험할 필요성이 있음 • 비누 거품을 만드는 방법에 대한 인지능력에 개별차가 있음. 놀이를 주도하는 또래의 행동을 모방하며, 함께 거품 만들기를 시도하도록 지원해야겠음 • 또래 간 소통을 증진할 방안에 대해 고민이 필요함. 비누 거품과 관련한 일상생활의 경험을 표현할 때, 빠진 단어나 과거시제를 보완해서 완성된 문장으로 다시 말해 줌 • 많은 양의 비누 거품이 물 위를 덮으면, 시야를 가릴 수 있다는 것을 경험함. 손 외에 다양한 형태나 촉감 놀잇감을 탐색하고, 무엇인지 예측하는 놀이를 제공해야겠음

지원		
	환경	• 비누 거품을 만들 수 있는 물과 세제 • 다양한 모형 인형 (예: 바다 동물, 블록, 인형 등)
	방법	• 주변 또래의 놀이 행동에 관심을 갖고 모방하거나 의사소통을 시도하도록 지원 • 비누 거품과 관련한 느낌이나 경험을 단어나 문장으로 표현하도록 상호작용 • 비누 거품 속에 숨겨진 놀잇감을 만지며, 그 촉감이나 형태에 대해 이야기 나누고 어떤 물체인지 예측할 수 있도록 질문

비눗방울 놀이하기

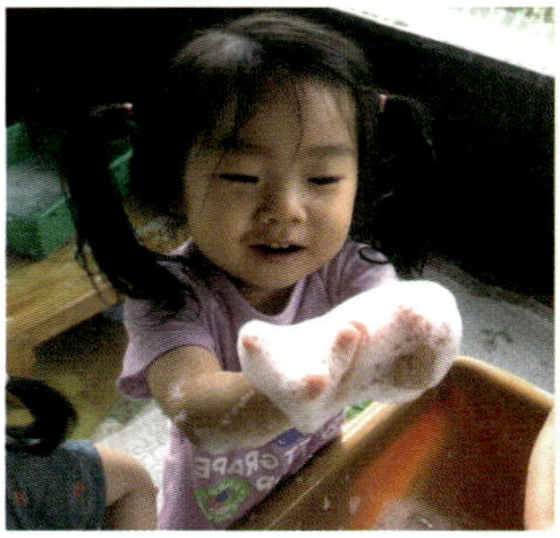

비누 거품에 입바람 불기

비눗방울 채로 비눗방울 만들기

비눗방울 잡기/터트리기

관찰	• 비누 거품을 손에 가득 모아 입바람을 불어 비누 거품이 날아가게 함. 낱개의 거품이 공중에서 천천히 떨어지자 비눗방울이라고 외치며 기뻐함 • 몇몇 영아는 비눗방울 채에 입을 대고 긴 호흡으로 불기 어려워함. 직접 비눗방울을 만들기보다 타인이 만든 비눗방울 탐색을 즐김 • 움직이는 비눗방울을 따라 이동하거나, 손으로 잡아서 터트리기를 시도함
교육적 의문	• 비누 거품을 통해 비눗방울 놀이를 연상함. 영아는 이미 비눗방울 놀이에 대한 경험이 많으므로, 비눗방울 놀이를 하고 싶어 한다는 생각이 듦. 비눗방울은 거품의 다른 형태이며, 영아에게 감각탐색 및 신체 활동으로 교육적 가치가 있다고 판단하고 제공하기로 함 • 호흡이 짧은 영아도 스스로 비눗방울을 만들 수 있도록, 크기가 작은 비눗방울 채를 추가로 제시해 줄 필요성이 있음 • 공중에 떠다니는 비눗방울 움직임과 소멸(터짐)에 흥미를 느끼는 영아를 위해 관련 놀이를 진행하기로 함. 공중에 떠다니는 비눗방울을 충분히 탐색할 수 있도록 넓은 장소가 필요하겠음

지원	환경	• 비눗방울 용액, 비눗방울 용액을 담을 접시 • 비눗방울 채 • 장애물이 없는 넓은 공간
	방법	• 영아가 신체를 다양하게 움직이며 비눗방울을 만드는 것에 대해 격려 • 비눗방울의 생성, 이동, 소멸을 경험하며 거품의 특징(기체를 머금은 액체)을 인식하도록 상호작용

세차 놀이하기

거품으로 유리창 청소 놀이하기

스펀지 특성 탐색하기/
스펀지로 청소놀이 하기

또래와 함께 세차장 놀이하기

<table>
<tr><td>관찰</td><td colspan="2">• 비누 거품을 팔에 바르거나 문지르며 손 씻기를 상상함. 바닥이나 창가에 문지르며 '청소놀이'를 가작화 함
• 스펀지로 비눗물을 흡수하고 방출시키는 경험을 반복적으로 탐색함. 스펀지로 거품을 만들고, 바닥을 닦으며 청소놀이를 즐김. 이후 자동차를 닦으며 '세차놀이'를 가작화 함. 평소에 자동차 운전을 즐기며 양보하지 않던 영아까지 자동차에서 내려 세차놀이를 시작함</td></tr>
<tr><td>교육적 의문</td><td colspan="2">• 영아는 일상생활 속에서 '거품'에 대한 사전 경험이 있고 그것을 놀이로 표상하고 싶어 함. 따라서 '청소놀이'로 확장할 수 있는 교구를 고민하게 됨. 영아의 소근육 발달수준을 고려해서, 적은 힘으로 물의 흡수와 방출을 경험할 수 있는 스펀지를 제공하기로 함
• 대부분의 영아가 '세차'에 열중하는 반응을 보이고 닦는 것에만 집중해서 놀이가 확장되지 않음. 교사가 다른 역할을 하며 놀이를 지원해야겠음</td></tr>
<tr><td rowspan="2">지원</td><td>환경</td><td>• 스펀지, 호스
• 거품이 생성되는 세제, 담을 수 있는 용기
• 직접 탈 수 있는 자동차</td></tr>
<tr><td>방법</td><td>• 비눗물을 흡수하거나 방출하는 스펀지의 특성을 인식하도록 상호작용
• 교사가 손님 역할을 하며 세차 놀이 지원</td></tr>
</table>

거품과 색 혼합하기

스펀지로 유리창 닦기

스펀지로 글라스칼라 닦기/ 색 거품 만들기

내가 원하는 색 거품 만들기

관찰		• 테라스에서 스펀지 놀이를 하던 중 유리창을 문지르며 닦음. 우연히 글라스칼라 그림에 거품을 문지르자, 색이 변화함을 발견함. 자신이 발견한 사실을 교사에게 알리며 성취감을 표현함. 테라스의 그림이 모두 지워지자 아쉬워하며 남아 있는 색 거품을 문지름 • 글라스칼라 그림을 거의 다 지운 후, 주변을 두리번거리며 남은 그림을 찾음
교육적 의문		• 글라스칼라와 거품 용액을 혼합하면 '색 거품'이 만들어지는 인과관계에 대해 인지하고 있으며, 자신이 스스로 발견한 사실을 타인에게 적극적으로 알리며 성취감을 표현함. 영아가 발견한 것에 대해 함께 기뻐하며 '거품과 색' 혼합을 주도적으로 탐색할 수 있도록 지원해야겠음 • 글라스칼라 그림이 사라지고 더 색 거품을 만들 수 없어 아쉬워하고 있음. 영아의 바람을 읽어 주고, '색 거품을 더 만들려면 어떻게 하지?'라고 질문하며 영아가 스스로 글라스칼라로 거품과 색 혼합을 탐색하도록 상호작용함
지원	환경	• 글라스칼라
	방법	• 영아가 발견한 새로운 사실에 대해 관심을 갖고 격려하며, 교사 외에 다른 또래에게도 알리고 소통하도록 제안 • 영아가 색 거품을 만드는 방법에 대해 주도적으로 탐색할 수 있도록 상호작용

5) 평가

최종 교육목표	
신체 (신체운동·건강)	• 물과 거품을 이용해 주변이나 몸을 깨끗이 한다. • 대·소근육을 조절하며 물과 거품을 탐색한다.
언어 (의사소통)	• 교사의 말을 모방하여 물과 거품 관련 의성어·의태어를 말한다. • 물놀이를 하며 자신이 느끼는 감정과 느낌을 짧은 문장으로 표현한다.
사회·정서 (사회관계)	• 물과 거품을 통해 느끼는 나의 욕구와 감정을 나타낸다. • 교사·또래와 함께 물놀이를 즐긴다. • 타인의 정서에 관심을 갖고 나의 행동을 조절한다.
창의·예술 (예술경험)	• 거품과 색을 혼합하며 감각적으로 단순한 미술경험을 한다. • 일상생활의 경험을 가작화 하며 상상놀이로 표현한다.
감각탐색 (자연탐구)	• 물과 거품에 대해 의도적인 탐색을 시도한다. • 교사와 함께 물과 거품을 탐색하며, 그 특성을 경험한다.

6) 마무리 / 교사저널

물은 영아가 일상에서 마시고, 씻고, 놀이하며 경험하는 친숙한 소재입니다. 여러 가지 지도서나 이론서적에도 '물놀이'는 영아기에 중요한 감각탐색 재료로 다루고 있으며 그 교육적 가치를 인정하고 있습니다. 표준보육과정이 처음 고시된 때에는 그렇게 책으로 제시한 물놀이를 그대로 실행하는 것이 최선이라고 생각했습니다. 혹여 최선이 아니라 해도, 놀이 순서나 전개를 바꿀 용기가 부족했습니다. 이후 연구원에서 영아의 흥미에 기초한 교육과정이 무엇인가에 대해 새롭게 고찰한 후, 똑같은 교육과정을 그대로 실행하는 것이 잘못되었다는 것을 깨닫게 되었습니다. 영아 관찰과 평가, 영역별 발달수준, 관련 교과개념, 교사의 다양한 역할과 환경구성 등에 대해 공부하면서, 교사로서 나의 안목과 결정에 대한 용기를 얻기 시작했습니다.

물과 같이 폭넓은 교과개념을 적용할 수 있는 주제는 여러 방면으로 확장할 수 있기 때문에 더 어렵게 느껴지기도 합니다. 교사가 하고 싶거나, 보여 주고 싶은 놀이로 진행하기보다, 영아의 흥미를 반영하기 위해 노력했습니다. 특히 영아가 우연히 발견한 흥미로운 사건들은 다음 놀이를 전개하는 데 중요한 열쇠가 되었습니다. 성인에게는 익숙한 사건을 영아의 시선으로 새롭게 바라보며, 영아가 탐구하고자 하는 것을 찾기 위해 노력했습니다. 때로는 어딘가 막히거나 모호함에 빠지는 순간이 오기도 했지만, 그때마다 동료 교사와 함께 다시 어린이를 바라보고, 관찰하며 답을 찾고자 했습니다. 이미 정해진 교육과정을 그대로 답습하는 것이 아니라, 영아와 교사가 함께 만드는 교육과정이었기 때문에 더 큰 기쁨과 보람을 느낄 수 있었습니다.

2. 만 2세 – 구멍과 관

1) 주제

- 구멍과 관(만 2세)

2) 선정 이유

교사는 교실을 정리하면서 곳곳에 뚫려 있는 교구장이나 놀잇감 구멍 속에 작은 놀잇감이 숨겨져 있는 것을 자주 발견하였습니다. 처음에는 번거롭게만 느껴졌지만, 이 일이 점차 반복되면서 영아가 왜 이곳에 놀잇감을 끼우거나 숨기는지에 대해 의문을 갖게 되면서 영아의 놀이 행동을 자세히 관찰하기 시작했습니다. 교실에는 이미 구멍과 관련한 정형화된 교구가 있었으나, 영아는 교구 이외에도 일상생활 중에 다양한 구멍을 탐색하며 물체를 통과시키거나 끼우는 실험을 반복하며 많은 흥미와 관심을 보였습니다. 교사는 구멍과 물체의 관계를 통해 영아가 물리적 지식을 경험할 기회가 될 것이라고 판단했습니다.

3) 교육목표

신체 (신체운동 · 건강)	• 눈과 손을 협응하고 소근육을 조절하며, 구멍에 물체를 넣고 뺀다.
언어 (의사소통)	• 일상생활 속 구멍과 관련한 낱말을 듣고 말한다. • 물체의 특성을 비교·분류하는 단어 표현을 듣고 말한다. • 놀잇감을 탐색하며 자신의 생각과 느낌을 짧은 문장으로 말한다.
감각탐색 (자연탐구)	• 주변 사물 중 구멍이 있는 물체에 호기심을 가진다. • '구멍'에 대해 탐색하기를 즐긴다. • 구멍과 물체의 상대적인 관계를 능동적으로 탐색한다.

4) 교육과정 전개

구멍과 물체의 관계 탐색하기

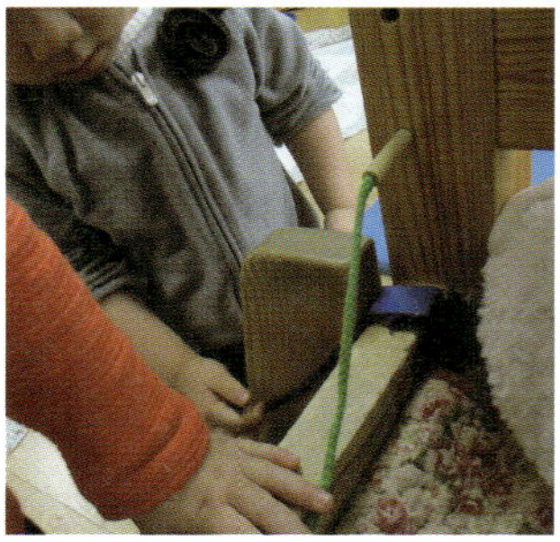

동그랗게 파인 구멍에 끼울 수 있는 물체 찾기

구멍이 있는 교구에 여러 가지 새로운 물체 넣기

구멍 있는 놀잇감에 연결한 자석 블록 넣기

관찰

- 영아는 일상생활 중에 다양한 구멍에 호기심을 갖고, 주도적으로 넣거나 끼울 수 있는 물체를 찾음. 구멍에 물체를 넣거나 끼운 후 성취감을 표현함
- 구멍이 있는 놀잇감에 다른 새로운 물체를 넣고자 시도함. 구멍과 물체의 특성을 잘 파악하는 영아의 경우, 몇 번의 과정을 거쳐 물체를 넣거나 끼우는 것에 성공하지만 그렇지 않은 영아의 경우, 쉽게 포기하는 사례가 생김
- 구멍이 있는 탑 블록을 쌓은 후, 여러 가지 놀잇감을 넣음. 그중 자석 블록을 길게 연결하여 넣는 것에 많은 흥미를 보임

교육적 의문

- 구멍에 물체를 넣거나 끼우는 것은 '구멍과 물체의 관계'를 탐색하면서 어림 측정이나 분류 등의 수학적 개념을 증진할 수 있음. 영아는 이전에 '구멍과 물체의 관계'를 경험할 수 있는 교구로 놀이한 경험이 있음(예: 저금통, 모양 상자 등). 영아의 흥미를 반영하여 상품화된 교구 외에 새로운 물체를 활용하도록 상호작용해야겠음
- 구멍과 물체의 관계를 탐색하는 과정에서 개별적인 수준 차이가 큰 편임. 영아의 발달수준에 따라 필요한 경우, 놀이에 활용하는 개념 어휘(예: 비교, 측정, 도형, 공간관계 등)를 표현해 주며 비계설정이 필요함
- 영아가 새롭게 발견한 사실에 대해 함께 기뻐하며 격려함. '어떻게 된 걸까?', '왜 그럴까?'를 질문하며, 블록 안에서 막대자석이 서로 붙은 과정에 대해 예측할 수 있도록 지원해야겠음

지원		
	환경	• 구멍이 있는 놀잇감 (예: 저금통, 탑 블록, 끼우기 상자) • 구멍에 넣을 수 있는 놀잇감 (예: 자석 막대 블록, 여러 가지 코르크, 크기가 다양한 솜공)
	방법	• 구멍에 넣을 수 있는 다양한 물체 찾기 • 구멍과 물체의 특성을 비교하고 분류하기(예: 와인 코르크) • 물체의 각도와 방향을 조절하며 구멍에 통과시키기 • 구멍과 물체의 상대적 관계에 대해 언어로 표현하기 (예: ~보다, 크다, 작다, 얇다, 두껍다, 안, 밖)

구멍 상자와 물체의 관계 파악하기

구멍에 넣을 수 있는 놀잇감 찾기

구멍 있는 종이 상자에 놀잇감 넣고 빼기

상자 안에 있는 물체 빼기

또래와 함께 상자 안에 있는 물체 빼기

도구를 활용하여 구멍 있는 상자에 물체 넣고 빼기

상자 집 구멍 사이로 또래에게 놀잇감 전달하기

<table>
<tr><td>관찰</td><td colspan="2">• 여러 가지 구멍 중 입체 공간 속 구멍(탑 블록)에 물체를 넣는 것에 매력을 느낌. 하지만 기존에 있는 놀잇감의 구멍은 크기가 작아 넣을 수 있는 종류가 제한적임
• 상자 안에 있는 물체를 다시 빼내는 것에도 흥미를 보임. 작은 구멍의 경우 손을 넣을 수 없어 구멍 상자를 움직여서 물체 빼기를 시도함
• 상자 구멍 중 비교적 큰 구멍 사이로 교실을 바라보기도 하고, 자신의 손을 통과시킴</td></tr>
<tr><td>교육적 의문</td><td colspan="2">• 다양한 물체를 넣고 뺄 수 있는 새로운 형태의 교구가 필요하다고 판단함. 종이 상자를 이용하여 여러 가지 구멍이 있는 교구를 제작하기로 함. 교실에 있는 놀잇감의 특성을 고려하며, 종이 상자의 크기, 구멍의 크기, 구멍의 개수, 구멍의 위치와 방향 등을 결정함
• 영아는 구멍 상자에 기울기를 변화시키면, 그 안에 있는 물체의 위치에 영향을 준다는 것을 인식함. 구멍 상자 안에 물체를 꺼내는 것에 여러 가지 방법이 있음을 찾으며, 다양한 문제해결력을 키울 수 있도록 격려함. 또한 구멍 상자의 기울기에 따라 안에 있는 물체가 어떻게 움직이는지 그 관계에 대해 인식할 수 있도록 상호작용해야겠음
• 큰 구멍이 있다면 신체를 활용한 놀이가 확장될 것이라고 기대함. 현재 교실 안에 상자 집이 있으므로 큰 구멍을 뚫어 주기로 함</td></tr>
<tr><td rowspan="2">지원</td><td>환경</td><td>• 구멍을 뚫은 상자
• 구멍에 넣을 수 있는 놀잇감
(예: 자석 막대 블록, 여러 가지 코르크, 크기가 다양한 솜공)
• 구멍을 뚫은 상자 집</td></tr>
<tr><td>방법</td><td>• 물체의 특성을 고려해서 ‘구멍 상자’에 넣기
• 여러 가지 방법으로 ‘구멍 상자’ 속 물체 꺼내기(뒤집기, 흔들기 등)
• 상자 집 구멍 사이로 또래와 의사소통하기/놀잇감 전달하기</td></tr>
</table>

종이 속심 탐색하기

맥포머스 블록으로
안경(관 형태) 만들기

휴지 속심으로 안경 만들기

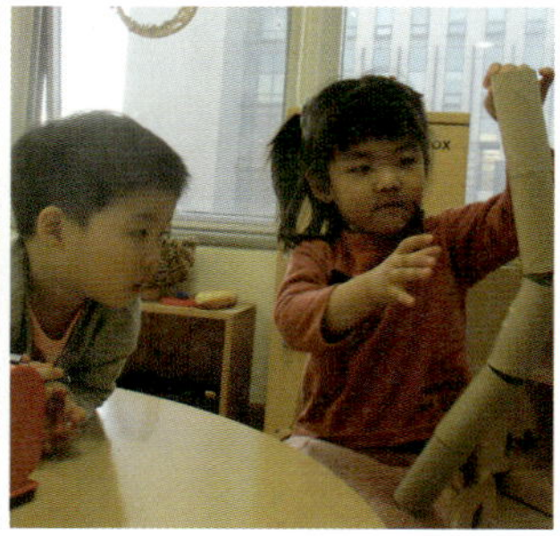

테이프로 긴 휴지 속심 만들기

종이 속심 구멍의
소리 듣기

종이 속심 구멍에
입 대고 말하기

휴지 속심으로 또래 보기

관찰		• 맥포머스 블록을 겹겹이 붙여 '안경'이라고 상상함. 입체 형태의 구멍에 매력을 느끼며 다른 영아들도 만들기 시작함 • 휴지 속심을 더 길게 연결해서 놀이에 활용하고 싶어 함. 테이프로 휴지 속심을 길게 연결하려고 시도했으나, 견고성이 떨어져 속상해함 • 교사가 추가 제시한 긴 속심에 흥미를 보이며 주도적인 탐색을 시도함
교육적 의문		• 맥포머스 블록 구멍을 겹쳐서 만든 '안경'은 '관'의 속성과 일치하는 특성이 있음. 구멍과 유사하면서도 다른 형태인 '관'의 특성에 대해 영아들의 반응이 어떠한지 살펴보기로 함 • 휴지 속심보다 길이가 길고 견고한 교구가 필요함. 포일 속심, 키친타월 속심, 랩 속심 등을 모아서 추가로 제시함 • 신체 감각기관(눈, 귀, 입)을 통해 종이 속심을 탐색하는 것에 대해 격려하며, 영아의 반응을 완성한 문장으로 표현하며 상호작용함
지원	환경	• 테이프 속심, 휴지 속심, 긴 종이 속심(포일, 키친타월, 랩)
	방법	• 휴지 속심 길게 연결하기/ 탐색하기 • 신체 감각기관으로 긴 종이 속심 탐색하기

종이 속심(직선관)과 물체의 관계 파악하기

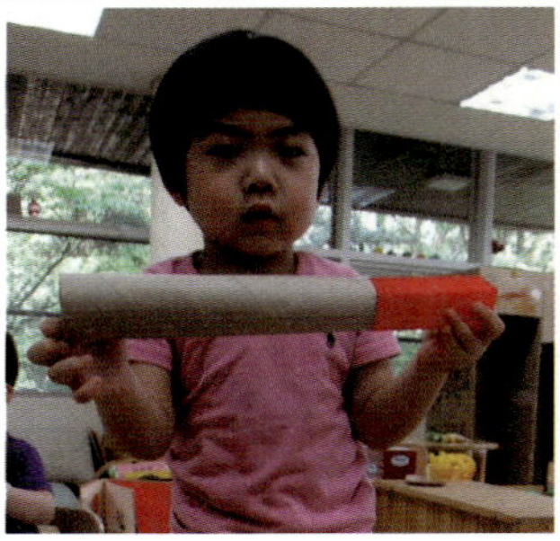

종이 속심에 넣을 수 있는 놀잇감 찾기

다양한 종이 속심으로 구성된 환경

종이 속심에 물체 넣고 빼기

관찰		• 종이 속심(직선관)에 넣을 수 있는 놀잇감을 찾아 넣고 빼기에 흥미를 느낌 • 구멍과 관련한 놀잇감과 휴지 속심, 긴 속심, 아크릴 관 등 관련 놀잇감의 종류나 개수가 점차 많아지고 있어 정리정돈이 어려움
교육적 의문		• 종이 속심(직선관)의 입구의 크기가 작아 넣을 수 있는 물체가 제한적임. 종이 속심보다 구멍의 지름이 크고, 길이가 긴 형태의 관을 추가로 제공해야겠음 (예: 시트지 속심, 아세테이트지 속심, 아크릴 관 등) • '관' 형태의 놀잇감을 다른 것과 분류해서 한 장소에 모아 제시할 필요성이 있음
지원	환경	• 관(종이 속심)을 매달 수 있는 아치형 교구장 • 투명한 아크릴 관 • 지름이 크고 길이가 긴 종이 속심 (예: 아세테이트지 속심, 시트지 속심)
	방법	• 관 속에 물체 넣고 빼기 • 관의 기울기에 따라 달라지는 물체의 움직임 탐색하기 • 놀이를 마친 후 놀잇감을 제자리에 정리하기

곡선관 탐색하기

휴지 속심으로 로봇팔 상상하기

곡선관 결합하여 로봇팔 상상하기

곡선관 길게 결합하기/ 곡선관에 놀잇감 넣고 빼기

관찰		• 한 영아가 휴지 속심을 이어 붙여서 손가락만 끼움. 교사나 또래에게 보여 주며 '로봇팔'로 상상함 • 직선·곡선관 블록을 연결해서 다양한 구성물을 만듦. 팔에 끼워 '로봇팔'에 대한 상상놀이를 확장함 • '곡선관'에 물체를 넣은 후, '물체가 내려오는 소리'에 대해 탐색을 시도함. 물체가 통과하지 않고 정지되었을 때, 왜 그러한지 의문을 가짐
교육적 의문		• 지름이 크고 긴 종이 속심을 제시했음에도 불구하고 휴지 속심을 연결해서 구성하는 것에 대한 관심이 지속됨. '관과 관'을 연결하고 결합하는 것에 대한 흥미라고 해석함. 따라서 그러한 특성을 지닌 끼우기 블록이 있는지 찾아 제시하기로 함 • 직선관과 곡선관의 모양을 분류하고 그 특성을 활용하여 블록을 구성할 수 있음 • 직선관과 곡선관에 물체를 넣었을 때 차이점에 대해 인지하고 탐색하고 있음. 물체가 나오지 않을 때, 꺼내는 방법에 대해 질문하고 영아가 주도적으로 문제를 해결할 수 있도록 상호작용함
지원	환경	• 관 형태의 끼우기 블록
	방법	• 관을 손에 끼우고 상상놀이 하기 • 직선·곡선관 블록 연결해서 다양한 구성물 만들기 • 곡선과 직선관 블록 연결하기

주름관 탐색하기

곡선관으로 마주 대고 또래와 시선 맞추기

주름관의 각도 조절하며 또래와 시선 맞추기

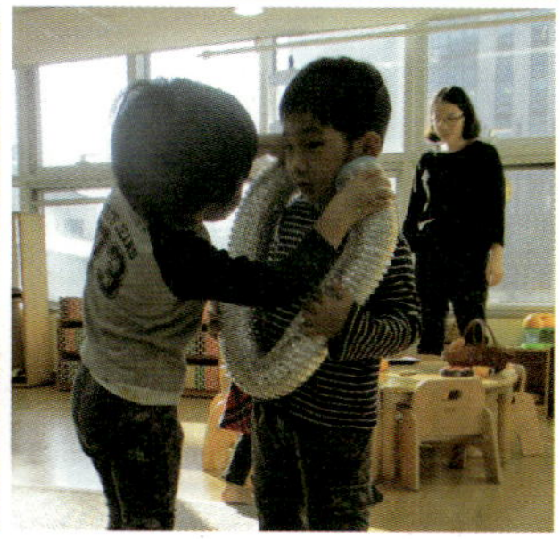
또래에게 주름관에서 울리는 소리 들려주기

주름관으로 또래와 차례 지키며 의사소통하기

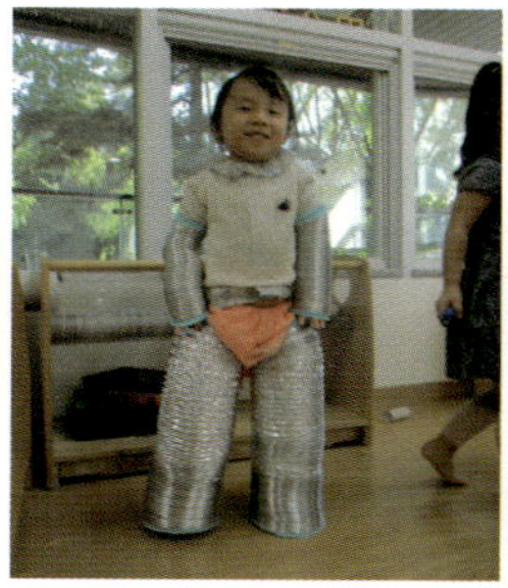
내 몸에 주름관 끼우고 '로봇' 놀이하기

주름관의 길이 변화시키기

관찰	• 구멍이나 직선관을 탐색했을 때처럼, 곡선관으로 또래와 마주 보기를 시도함. 이전의 경험과 달리 상대편을 마주 볼 수 없음에 의문을 느낌 • 주름관을 제시하자, 여러 명의 영아가 함께 탐색을 시도함. 주름관의 독특한 특성에 대해 관심을 갖고 눈, 귀, 입 등의 신체 감각기관으로 탐색함
교육적 의문	• 직선관과 곡선관의 차이점은 알고 있으나, 그 원인이 '관의 각도'에 있다는 것은 인식하지 못함. 영아 스스로 각도를 조절할 수 있는 관을 제공해서 직선관과 곡석관의 차이점을 경험할 수 있도록 지원해야겠음 • 주름관이 길고 크기 때문에 자연스럽게 여러 또래가 함께 상호작용하며 탐색을 시도함. 영아 개개인이 발견한 사실에 대해 또래와 함께 공유하고 상호작용할 수 있도록 중재 역할을 함

지원		
	환경	• 주름관
	방법	• 주름관 길이와 각도 조절하며 또래와 마주 보기 • 주름관에서 들리는 소리 탐색하기/또래에게 들려주기 • 주름관에 입 대고 또래에게 말하기/듣기 • 주름관으로 또래와 차례 지키며 의사소통하기 • 내 몸에 주름관 끼우고 상상놀이하기

주름관과 물체의 관계 탐색하기

주름관 속에 여러 가지 놀잇감 넣기

또래와 협력하여 주름관 길이 조절하기/놀잇감 꺼내기

또래와 협력하여 주름관에 물체 꺼내는 방법 찾기

관찰	• 주름관에도 물체를 넣고 빼는 것에 흥미를 가짐. 이전의 관에 비해 주름관의 길이가 길어 놀잇감을 꺼내는 것에 어려움을 느낌 • 주름관의 각도를 조절해서 놀잇감 꺼내기를 시도함. 까치발로 서서 양손을 높이 올리는 동작으로 주름관 길이 확장을 시도했으나, 놀잇감이 나오지 않음. 또래와 협력하며 교실에서 가장 높은 곳을 찾아 이동한 후, 문제해결을 시도함
교육적 의문	• 성급히 교사가 도움을 주기보다 영아가 스스로 해결할 수 있도록 지원함. '주름관의 길이'를 조절을 시도할 때, 영아가 주변의 또래에게 도움을 요청하도록 중재함 • 영아가 인식한 문제 상황에 대해 어려움이 있어도 쉽게 포기하지 않고 다른 방법을 시도하도록 격려해야겠음

지원	환경	• 주름관
	방법	• 주름관에 놀잇감 넣기 • 주름관 속 놀잇감이 움직이는 소리 듣기/물체의 위치 추측하기 • 주름관에서 물체를 꺼내는 다양한 방법 찾기 (예: 주름을 접어서 길이 조정하기, 높은 곳에 가서 낙차 만들기) • 주름관에서 물체를 꺼내기 위해 또래와 협력하기

주름관에 자력이 있는 놀잇감 붙이기

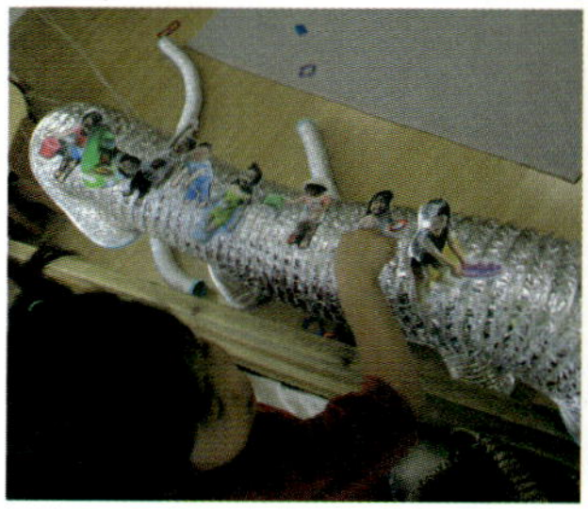
주름관에
자석 인형 붙이기

주름관에
자석 블록 붙이기

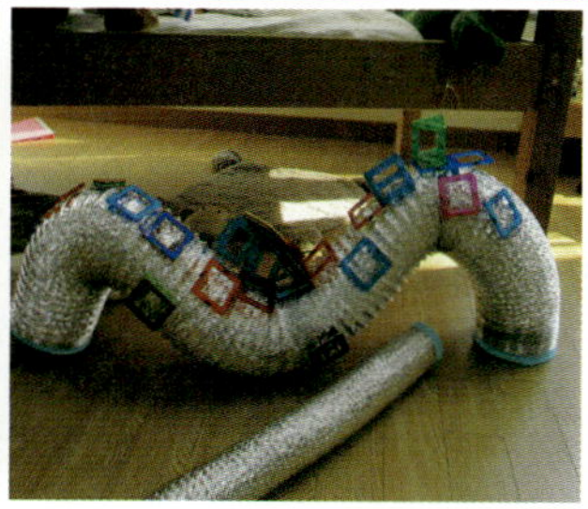
블록의 무게로 인해
바닥까지 내려온 주름관

관찰	• 우연히 주름관에 자석이 붙는다는 것을 발견함. 자성이 있는 놀잇감을 스스로 찾아 붙인 후, 주변의 교사와 또래에게 알림 • 여러 가지 자석 놀잇감 중 무거운 자석 블록을 붙였을 때, 고무줄에 매달린 주름관이 점점 아래로 내려온다는 것을 발견함
교육적 의문	• 예상치 못한 영아의 발견에 교사도 함께 기뻐하며 격려함 • 주름관에 물체를 붙이면 그 위치가 변화한다는 것을 인식했으나, 정확한 인과관계에 대해서는 이해하지 못함. 주름관의 높이 변화에 대해 인식할 수 있도록 상호작용해야겠음

지원		
	환경	• 천장에 고무줄로 연결한 주름관 • 자성이 있는 다양한 놀잇감
	방법	• 주름관에 붙는 놀잇감 찾기 • 주름관에 붙인 놀잇감에 따라 달라지는 주름관의 높이 파악하기

5) 평가

최종 교육목표	
신체 (신체운동·건강)	• 눈과 손을 협응하고 소근육을 조절하며, 구멍에 물체를 넣고 뺀다. • 신체 감각 기관을 활용하여, 구멍과 관의 특성을 탐색한다.
언어 (의사소통)	• 일상생활 속 구멍과 관련한 낱말을 듣고 말한다. • 물체의 특성을 비교·분류하는 단어 표현을 듣고 말한다. (예: ~보다 크다, 작다, 두껍다, 얇다 등) • 놀잇감을 탐색하며 자신의 생각과 느낌을 짧은 문장으로 말한다. • 주름관으로 상대방을 바라보며 말하는 순서를 지켜서 말을 주고받는다.
사회·정서 (사회관계)	• 문제를 해결하기 위해 또래와 의사소통과 협력을 시도한다.
창의·예술 (예술경험)	• 여러 가지 관을 통해서 들리는 다양한 소리를 탐색한다. • 관을 활용하여 상상놀이를 즐긴다.
감각탐색 (자연탐구)	• 주변 사물 중 구멍이 있는 물체에 호기심을 가진다. • 구멍에 대해 주도적으로 탐색하기를 즐긴다. • 다양한 구멍의 역할과 속성에 대해 탐색한다. • 구멍과 관을 통해 물체의 상대적인 관계를 능동적으로 탐색한다. • 구멍과 관을 통해 물체의 크기 차이에 관심을 갖고 비교한다.

6) 마무리 / 교사저널

'구멍'이라는 주제를 결정하고 시작할 때 막연한 불안감이 있었습니다. 이 주제에 대해 다룬 사례를 본 적이 없었고, 참고할 만한 자료가 없었기 때문입니다. 하지만 영아의 반응과 놀이 행동에 대해 관찰하면서 그것은 기우에 불과하다는 것을 깨달았습니다. 새로운 시도가 많아 약간의 불안감도 있었지만, 그것이 매끄럽게 진행되었을 때 보람과 기쁨을 얻을 수 있었습니다.

구멍이라는 주제가 더 이상 확장되지 않아 마무리하려던 시점에 영아가 스스로 구멍을 겹쳐 관 형태로 만드는 것을 발견하게 되었습니다. 고깃집에서 보았던 주름관은 망원경이 되고 전화기가 되고 로봇이 되었습니다. 스스로 새로운 놀이를 만들고, 놀이를 확장하는 영아들의 능력에 대해 감탄하는 순간이었습니다. 영아는 상품화된 놀잇감이 아닌 일상적이고 친숙한 물체를 통해, 더 창의적이고 주도적으로 놀이에 참여했습니다.

이번 주제를 통해 영아에게 과학적 지식을 가르치는 것이 아니라, 함께 탐구하며 세상을 알아가는 즐거움에 대해 알아가고자 노력했습니다. 무엇보다 세상에 있는 작은 구멍 하나, 물체 하나도 영아의 눈높이로 바라보는 안목을 기를 수 있어 감사한 시간이었습니다.

3. 만 3세 – 거미와 거미줄

1) 주제

- 거미와 거미줄(만 3세)

2) 선정 이유

학기 초 산책을 나간 어느 날, 운동장에 놓인 축구 골대 그물을 보고 한 유아가 '거미줄'을 상상하였습니다.

"거미줄에 걸렸어. 구해 줘!"라고 말하자 친구들이 모여들기 시작했습니다. 다수는 거미줄에 걸린 시늉을 했고, 어떤 유아는 그러한 유아를 구해 주는 역할을 도맡았습니다.

그 이후로도 산책을 나가면 유아들은 축구 골대에서 삼삼오오 무리를 지어 거미줄 놀이를 즐겼습니다. 이러한 관심은 교실에서도 이어져 교사가 준비해 놓은 다양한 곤충과 거미 모형 중 유독 거미 놀이를 선호하는 모습이 자주 보였습니다. 만 3세 학기 초였기 때문에 또래와 놀이 주제를 공유한 경험이 많지 않았던 유아가 같은 놀이에 흥미를 보였다는 점에서 의미가 있었습니다. 교사는 '거미'를 주제로 선정하여 또래 놀이가 더욱 활발해지는 기회로 삼아야겠다고 생각했습니다. 거미와 관련된 그림책을 제공하며 유아가 거미의 어떤 부분에 흥미와 관심이 있는지 유심히 살펴본 후 지원 방향을 결정해 보기로 하였습니다.

3) 교육목표

언어 (의사소통)	• 거미와 관련된 다양한 그림책을 읽는다. • 정보 그림책을 통해 다양한 정보를 안다.
인지 (자연탐구)	• 궁금한 것을 탐구하는 과정에 적극적으로 참여한다. • 거미의 특성(서식지, 생김새, 먹이)에 대해 관심을 가진다. • 생명과 자연환경을 소중히 여긴다.
감각탐색 (자연탐구)	• 놀이에서 약속과 규칙의 필요성을 알고 지킨다. • 교사/또래와 놀이 주제를 공유한다.

4) 교육과정 전개

유아의 관심 파악

거미 모형으로 놀이하기

거미/곤충 모형

거미 관련 그림책

관찰		• 산책 중 축구 골대 그물을 보고 거미줄을 상상한 유아가 있었음. 한 유아가 그물을 손으로 붙잡고 “거미줄에 걸렸어! 으악!” 하고 소리치자 여러 유아가 따라서 걸린 시늉을 하는 유아와 구해 주려는 유아로 나타나 짧은 시간 동안 함께 놀이를 이어 나감 • 토끼를 좋아하는 유아가 “나는 토끼 할래! 토끼가 거미줄에 걸렸어!”라고 말하는 모습 보임
교육적 의문		• 놀이 중 거미줄에 걸린 토끼 시늉을 하는 유아가 있었음. 만 3세 특성상 자신이 선호하는 동물이 뚜렷해지는 건 자연스러운 일이나 거미와 천적 관계를 이루는 동물에 대해 그림책을 통해 자연스럽게 알아보면 생물의 다양성을 이해하는 데 도움이 될 것으로 생각함 • 거미 관련 그림책과 거미/곤충 모형을 교실에 제공하며 유아의 흥미가 이어지는지 살펴보기로 함
지원	환경	• 거미/곤충 모형 • 동화『그물의 왕, 거미』 • 동화『프랭크, 다리가 7개인 거미』 • 동화『끝이 없는 이야기-거미편』

거미에 대해 알아보기

거미 관련 동화 듣기

거미의 종류 알아보기

거미 다리 수세기

거미 그리기

거미 그림

이야기 나누기 '거미의 종류'

<table>
<tr><td>관찰</td><td colspan="2">• 그림책을 통해 나뭇가지에 거미줄을 치고 살아가는 일반적인 거미 외에도 물에 사는 거미, 땅에 사는 거미 등 다양한 거미의 종류가 있음을 알게 됨
• 거미의 생김새(눈의 개수, 곤충과는 다른 독특한 신체 구조 등)에 흥미를 느끼며 간단한 수세기를 함. 실내 자유놀이 시간에 거미 그림을 그릴 때 점차 구체적으로 그리는 모습을 보이긴 하나 눈과 다리의 개수가 일정하게 나타나지 않음
• 점차 더 많은 유아가 교사 혹은 또래와 자발적으로 거미 관련 그림책을 읽으며 궁금한 것에 대해 질문하기 시작함</td></tr>
<tr><td>교육적 의문</td><td colspan="2">• 거미의 종류에 따라 서식지 및 특성이 다르다는 것을 알아가며 흥미를 느낌
• 책을 읽을 때 함께 거미의 눈과 다리 수를 세보며, 생활 속에서 수에 관심을 가질 수 있도록 지원함. 다섯 개가량의 구체물을 세어 보고, 수량에 관심을 갖는 계기를 만듦
• 초반에 거미에 흥미를 보였던 유아들 외에도 여러 유아가 조금씩 거미에 관심을 보이기 시작하였고, 실내 자유놀이 시간에 교사에게 자발적으로 거미 관련 그림책을 읽어달라고 요청하는 유아가 늘어난 모습 보임. 대·소집단으로 함께 거미 주제의 동화를 보거나 이야기를 나누면서 거미 관련 정보를 제공한다면, 흥미를 공유하는 데 도움이 될 것으로 생각함</td></tr>
<tr><td rowspan="2">지원</td><td>환경</td><td>• 동화『진짜진짜 재밌는 그림책 시리즈-거미편』</td></tr>
<tr><td>방법</td><td>• 이야기 나누기 ‘거미의 종류’</td></tr>
</table>

거미의 종류

문닫이거미 놀이하기

거미 종류에 대해 이야기 나누기

이야기 나누기 '거미의 습성'

거미 종류 관련 그림책 읽기

동화
'프랭크, 다리가 7개인 거미'

거미줄 구성에 활용한 교구
(오색끈)

관찰

- 활동 이후 거미의 여러 가지 종류와 특성에 대해 일과 중에도 자연스럽게 이야기를 함(예: "깡충거미는 깡충 뛸 수 있대!", "물거미는 물에 살아.", "오거얼굴거미는 외계인같이 생겼어."). 새로이 알게 된 거미 관련 지식을 놀이에 활용하기도 함. 예를 들어, 볼풀장에서 놀이할 때에도 거미 놀이를 즐김. 문닫이거미가 되어 볼풀장에 몸을 숨겼다가 잠자리/나비 역할을 맡은 유아가 다가오면 갑자기 나타나는 놀이를 즐거워하며 반복함
- 거미와 관련된 그림책에는 거미가 집을 짓는 방식(바람에 실을 날리는 것, 실을 짜는 순서 등)이 묘사된 부분이 많았음. 유아가 거미줄에 대한 흥미를 보이며 관련 내용을 언급함(예: "선생님. 거미의 엉덩이에서 거미줄이 나온대요.", "엉덩이에서 실이 나오면 그게 바람을 슝~ 타고 다른 나뭇가지로 간대요.")
- 교실에서 거미와 포식 및 피식 관계를 이루는 곤충과 관련된 놀이를 즐기는 모습이 보이나 허공에서 모형을 들고 단순하게 놀이를 시도하고 끝마치는 경우가 많음

? 교육적 의문		• 거미의 독특한 생김새와 습성이 유아에게 흥미를 불러일으킨다고 판단됨 • 거미 관련 그림책을 읽던 중 자연스럽게 거미가 집을 짓는 독특한 방식에 큰 흥미를 보이기 시작하여 거미줄을 구성해 볼 수 있도록 계획함 • 거미의 습성을 알 수 있는 시청각 자료를 보여 주고, 거미 놀이가 구체화될 수 있도록 환경을 구성해 보기로 함
☑ 지원	환경	• 거미 관련 다양한 그림책 • 거미류/곤충 모형 • 거미줄 구성에 활용 가능한 기다란 형태의 끼우기 블록
	방법	• 동화 『네가 거미니?』 • 동화 『거미는 거미줄을 만들어』 • 동화 『거미에 대해 알아보아요』 • 이야기 나누기 '거미의 습성' • 실내 자유놀이: '끼우기 블록으로 거미줄 만들기'

오색끈 끼우기 블록으로 거미줄 만들기

거미줄 형태에 대해 이야기 나누기

끼우기 블록으로 거미줄 만들기

거미줄 만들어 놀이하기

관찰

- 거미에 가장 높은 흥미를 보이며 천적놀이를 많이 하는 유아와 함께 오색끈 끼우기 블록으로 거미줄을 만들어 봄. 그림책을 참고해도 유아가 거미줄을 실제처럼 표현하기에는 한계가 있으므로 초반에는 교사 주도적으로 거미줄을 만들어 봄. 거미줄의 생김새를 인지했다는 것에 의의를 두고 함께 만듦. 블록으로 만든 거미줄 위로 거미와 곤충 모형을 늘여놓으며, 신나게 놀이를 이어 나감
- 끼우기 블록에 곤충이 걸린 시늉을 하던 유아는 그림책을 통해 얻게 된 정보를 이야기함. 거미줄은 끈적끈적해서 곤충이 잘 걸린다고 했던 내용을 기억해낸 유아는 교사/또래에게 블록에는 점성이 없음을 이야기함

교육적 의문

- 교사가 끼우기 블록으로 기초적인 방사 형태만 고정시켜 제시해 주고, 이음새를 잇는 부분은 유아가 연결하며 소근육과 손의 힘을 정교하게 조절해볼 수 있도록 함
- 그림책을 통해 거미와 거미줄에 대한 지식이 확장되었음을 알 수 있었음. 유아의 의견을 적극적으로 반영하여, 보다 특성을 잘 살린 거미줄을 만들어 보기로 함. 유아와 교실 내에서 적절한 재료를 찾아본 결과, 테이프를 활용해 보기로 함

지원

환경	• 거미 관련 그림책을 거미 놀이하는 곳 근처에 잘 보이게 제시해 주고, 놀이 중 참고할 수 있도록 지원 • 여러 가지 종류의 테이프(전기테이프, 색테이프 등)를 미술영역에 제공한 뒤 자유롭게 사용하도록 지원
방법	• 실내 자유놀이: '테이프로 거미줄 만들기'

테이프로 거미줄 만들기 I

테이프로 거미줄 만들기

테이프 이어 붙여
거미줄 만들기

테이프로 만든 거미줄

곤충 모형으로 놀이하기

곤충 저장하며 놀이하기

꽃테이프와 점성이 있는
테이프

관찰	• 교사와 함께 교실에서 끈적끈적한 재료를 찾아보았고, 미술영역에서 찾은 전기테이프로 거미줄을 만들기로 함. 나무 재질의 반원 책상 2개를 뒤집어 이를 나뭇가지로 상상한 뒤 거미줄을 만들어 봄. 그림책에서 본 내용을 참고하여 바람을 타고 거미줄을 날리는 시늉을 하며, 함께 즐겁게 거미줄을 만듦. 처음 거미줄에서 놀이할 때에는 이전에 허공에서 놀이했던 것처럼 거미가 곤충을 잡아먹는 설정이 단순 반복됨. 시간이 조금 지나자 그림책에서 알게 된 정보를 활용하여 또래와 놀이하기 시작함. 거미줄로 먹이를 잡으면 실로 꽁꽁 싸맨 뒤 먹는다는 것을 기억하고는 테이프로 곤충 모형을 칭칭 감싸 놓기도 함 • 그림책을 통해 거미줄에는 끈적거리지 않는 방사실(세로줄)과 끈적이는 나선실(가로줄)이 있음을 알게 됨. 함께 테이프로 만든 거미줄에는 전체 줄이 끈적거렸으므로 이에 의문을 가진 유아가 생김 • 날아다니는 나비와 잠자리 등의 곤충을 잡고 싶은데 상대적으로 낮은 곳에 위치한 거미줄의 위치에 아쉬움을 표함
교육적 의문	• 거미에 큰 관심을 보이지 않던 유아들도 활발하게 거미줄 놀이에 참여하기 시작했다는 점에서 의미가 있었음 • 방사실과 나선실을 구분하여 만들기로 함. 유아와 함께 기관 내 자료실에 가서 점성은 없으나 거미줄 형태와 비슷한 끈과 꽃테이프를 함께 찾아 교실로 돌아옴 • 평소 교사는 거미줄의 독특한 형태를 설명할 때 방사형을 언급하는 경우가 있었음. 그러나 유아에게 방사형이란 한 번에 와 닿기에는 어려운 개념임. 기관 내에서 방사형의 예시를 보여 주려 찾다가 우산을 발견함. 우산살의 방사 형태를 보며 이야기를 나눔. 나비/잠자리 등의 날아다니는 곤충을 잡기 위해 높은 곳에 거미줄을 만들 때 우산을 활용해도 좋을 것이란 생각이 듦
지원	**환경** • 비닐우산과 여러 가지 종류의 테이프(전기테이프, 색테이프 등)를 미술영역에 제공한 뒤 자유롭게 사용하도록 지원 **방법** • 실내 자유놀이: - 점성이 있는 테이프와 꽃테이프로 거미줄 만들기 - 우산살과 테이프 활용하여 거미줄 만들기

테이프로 거미줄 만들기 II

점성 유무를 구분해서 만들기

가로선과 세로선을 구분해서 만든 거미줄

거미줄에서 놀이하기

우산으로 거미줄 만들기

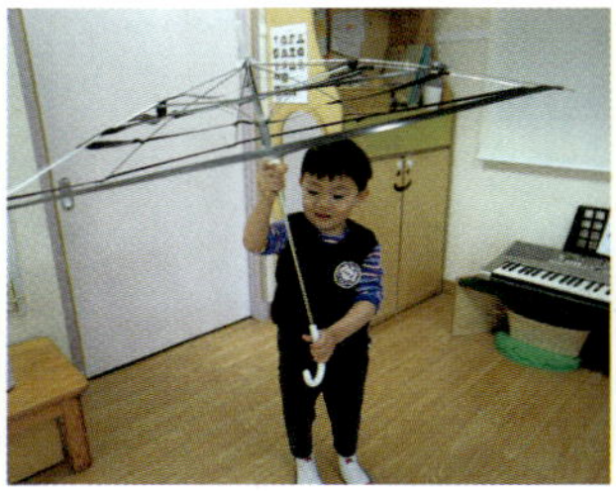

우산으로 거미줄 만들기

우산으로 만든 거미줄 전시하기

관찰		• 세로선은 점성이 없는 꽃테이프로, 가로선은 점성이 있는 전기테이프로 구분하여 책상다리에 거미줄을 만듦. 유아들은 거미 모형을 들고 세로선으로만 지나다니며, 가로선에 걸린 곤충 잡아먹기 놀이를 이어 나감 • 투명우산을 활용하여 거미줄을 만듦. 우산살을 세로줄로 상상하고, 테이프로 가로선을 붙임. 우산살로 만든 거미줄에 큰 흥미 보이며, 높은 곳에 달아달라고 요청해 천장에 매달아 줌. 자발적으로 잠자리와 나비 그림을 그린 뒤 교사에게 우산에 붙여 주기를 부탁함 • 우산을 천장에 매달 때 교사가 활용한 낚싯줄에 관심을 보이며 놀이하고 싶어 함. 유아들이 낚싯줄을 거미줄 같다고 표현함
교육적 의문		• 가로줄에 걸린 곤충/벌레를 잡아먹기 위해 세로줄을 통해서 거미가 돌아가도록 조작하는 유아들의 놀이 패턴을 살펴보며, 유아가 정보를 습득하고 표현함을 알 수 있었음 • 투명우산을 통해 방사형과 나선형에 대한 구체적인 이해를 도울 수 있었음. 완성된 거미줄에 자발적으로 곤충/벌레 그림을 그려 우산에 붙이기를 원했음 • 유아가 언급한 대로 낚싯줄과 거미줄은 형태 면에서 유사한 점이 많았음. 그러나 낚싯줄을 통째로 제공할 경우 갈등이나 안전사고가 일어날 가능성이 있다는 우려가 들어 낚싯줄을 활용한 다른 놀이로 유도해 보기로 함
지원	환경	• 낚싯줄, 거미 모형
	방법	• 새 노래 '거미가 줄을 타고 올라갑니다'

낚싯줄로 거미줄 놀이하기

낚싯줄 조작하여 거미 놀이하기

낚싯줄 조작하여 거미 놀이하기

낚싯줄 조작하여 거미 놀이하기

관찰	• 교사가 거미 모형에 낚싯줄을 매달고, 아치형장에서 거미를 오르내리게 하는 시범을 보여 줌. 블라인드를 조작하듯 손으로 줄을 잡고 올려야 반대편 줄이 내려가는 고정 도르래의 원리를 경험해 볼 수 있었음. 낚싯줄을 조작하며 교사가 흥얼거린 노래 '거미가 줄을 타고'를 다수의 유아가 따라 부르며 즐거워함 • 반복적으로 노래를 부름 • 교실 내에 있는 거미줄을 살펴보며, "그런데 우리반 거미줄은 다 산왕거미줄이다!"라고 말하며 책 속 정보를 기억한 유아가 있었음
교육적 의문	• 유아는 자신이 무언가를 조작했을 때 눈앞에서 바로 결과가 드러나는 놀이를 신기해하고, 즐거워하는 경향 있음. 큰 흥미를 보이며 놀이에 참여하였고, 처음엔 도르래의 원리를 이해하지 못했지만, 반복적으로 놀이하며 물리적 작용을 경험해 보는 기회를 가짐 • 자연스럽게 새 노래를 익힐 수 있었음 • 거미 관련 정보를 유아들이 점차 습득해 가며 다양한 거미와 거미줄의 형태에 관한 지식을 형성함. 우리가 흔히 알고 있는 거미줄의 형태(산왕거미줄) 외에도 다양한 거미줄의 형태가 있음을 발견한 유아가 있었음. 거미줄을 통해 다양한 선/형을 자연스럽게 탐색해 왔기 때문에 이를 확장해 볼 좋은 기회라 생각함. 다른 종류의 거미줄 형태를 탐구해 보기로 계획함

지원		
	환경	• 거미 관련 그림책을 거미 놀이하는 곳 근처에 잘 보이게 제시해 주고, 놀이 중 참고할 수 있도록 지원 • 여러 가지 종류의 테이프(전기테이프, 색테이프 등)와 줄(낚싯줄, 우레탄 고무줄 등)을 미술영역에 제공한 뒤 자유롭게 사용하도록 지원
	방법	• 실내 자유놀이: 다양한 거미줄 형태 만들기

다양한 거미줄 구성하기

거미줄 만들기

거미줄에 붙일 그림 그리기

거미/곤충 그림 붙이기

완성된 부채거미줄

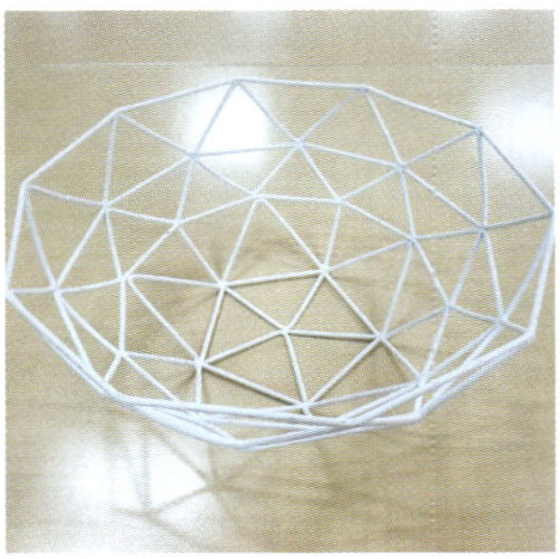
바구니에서 찾은 접시거미줄

건물에서 찾은
말꼬마거미줄 형태

<table>
<tr><td>관찰</td><td colspan="2">• 그림책을 보며, 산왕거미줄 외에 다른 거미줄도 만들어 봄. 유아와 상의한 뒤 침대 프레임에 부채거미줄을 구성함. 교실 내에 있는 철제바구니의 형태에서 접시거미줄의 형태를 발견한 유아도 있었음. 산책 중 발견한 독특한 건물의 무늬에서 말꼬마거미줄의 형태를 생각한 유아도 있었음
• 소수의 유아가 침대 프레임에 만들어진 부채거미줄과 책상다리에 만들어진 산왕거미줄 아래를 기어서 통과하려고 함. 테이프로 이어 만든 거미줄이기 때문에 망가지는 경우가 종종 생겨 또래 간 갈등이 빚어짐. 교사 역시 동적으로 놀이하려는 유아들을 반복해서 제한하는 경우가 생김</td></tr>
<tr><td>교육적 의문</td><td colspan="2">• 다양한 선/형을 탐색할 수 있었다는 점에서 의미 있었음
• 거미줄 옆에 앉아서 놀이를 지속하고 싶은 유아와 활발하게 몸으로 놀이하고 싶은 유아 간 갈등이 반복적으로 생김. 거미줄 아래를 직접 몸으로 통과하는 유아들은 테이프로 만든 거미줄을 훼손시킬 염려는 있었지만, 신체를 섬세하게 조절해 볼 수 있다는 점에서는 교육적 의미가 있음. 동적으로 놀이하고 싶은 유아가 자신만의 방식으로 거미줄을 탐구해 볼 수 있도록 교사가 충분히 지원하지 않고, 행동을 제한하기만 했다는 반성이 듦. 더욱 자유롭게 신체를 움직이며 거미와 거미줄 놀이를 할 수 있는 공간을 만들어 보기로 함</td></tr>
<tr><td rowspan="2">지원</td><td>환경</td><td>• 신체를 자유로이 움직일 수 있는 넓은 공간, 고무줄을 매달 지지대, 고무줄
• 우레탄 재질의 상상 블록</td></tr>
<tr><td>방법</td><td>• 신체 '거미줄 통과하기'
• 신체 '상상 블록으로 거미줄 만들어 놀이하기'</td></tr>
</table>

거미가 되어 신체놀이하기

기어서 거미줄 통과하기

거미줄 통과하기

거미줄에 곤충 걸기

신체조절하여 거미줄 위에서 움직이기

거미줄 위에서 움직이기

곤충 저장하기

관찰

- 교실에 있는 아치형 장에 고무밴드를 매달아 주자 고무줄을 자유롭게 통과하며 신체를 조절함. 반복해서 신체로 놀이한 이후에는 고무줄마다 곤충 모형이나 거미 모형을 매달며 놀이를 이어 나가기도 함
- 강당에서 상상 블록으로 거미줄을 만들어 봄. 방사형을 먼저 만들고, 나선형을 촘촘하게 이어 나가는 형식으로 함께 만듦. 세로줄로만 다니며, 가로줄에 있는 곤충 잡아먹는 놀이를 이어 나감. 거미가 잡은 곤충을 한 번에 다 먹지 않고 저장해 두고 먹는다는 정보를 살려, 블록에 있는 동그란 구멍에 곤충을 저장해 두기도 함. 신체를 조절해 거미줄 위를 다니며 또래와 즐겁게 놀이함

5) 평가

최종 교육목표	
신체 (신체운동·건강)	• 실내 신체활동에 자발적으로 참여한다. • 거미처럼 움직이며, 기초적인 이동운동을 즐긴다. • 거미줄을 통과하며 신체 움직임을 세세하게 조절한다.
언어 (의사소통)	• 거미와 관련된 다양한 그림책을 읽는다. • 말이나 이야기를 주의 깊게 듣는다. • 정보 그림책을 통해 다양한 정보를 안다.
사회·정서 (사회관계)	• 내가 할 수 있는 것을 스스로 한다. • 놀이에서 약속과 규칙의 필요성을 알고 지킨다. • 교사/또래와 놀이 주제를 공유한다.
창의·예술 (예술경험)	• 자연과 생활에서 아름다움을 느끼고 즐긴다. • 다양한 블록과 도구로 자신의 생각과 느낌을 표현한다.
감각탐색 (자연탐구)	• 거미의 특성(서식지, 생김새, 먹이)에 대해 관심을 가진다. • 주변 세계와 자연에 대해 지속적으로 호기심을 가진다. • 궁금한 것을 탐구하는 과정에 적극적으로 참여한다. • 탐구 과정에서 서로 다른 생각에 관심을 갖는다. • 물체를 세어 수량을 안다.

6) 마무리 / 교사저널

2년 전, 만 3세 학급 담임을 맡았을 때의 유아들도 거미를 굉장히 좋아해서 교실 내에서 '거미'를 주제로 교육과정이 진행된 적이 있습니다. 그 유아들과 거미의 다양한 종류와 특성에 관해 서술된 책을 오래 들여다보았던 기억이 납니다. 수많은 거미 중 독을 가진 거미는 무엇인지, 최강 독을 가진 거미는 무엇이고 그 거미가 우리나라에 살고 있는지, 타란튤라거미와 볼라스거미는 어떻게 다른지에 대한 주제로 긴 호흡을 이어갔습니다. 19학년도 유아들은 거미의 종류보다는 거미가 사는 집, 즉 '거미줄'을 깊게 탐구하는 모습을 보였습니다. 어찌 보면 같은 주제지만 유아들의 흥미에 따라 활동 진행 방향이 달라질 수밖에 없었습니다.

거미줄은 신비로운 탐구 대상임이 분명했지만, 만 3세 유아가 깊게 파고들기에는 다소 어려운 주제일 것이라는 개인적인 편견이 있었습니다. 그러나 책을 읽고 활동을 거듭할수록 교사의 기대보다 더 흥미롭게 탐구해 나가는 유아의 모습을 발견할 수 있었습니다. 점성의 유무에 차이를 두고 거미줄을 자아낼 수 있었던 것과 익숙한 거미줄의 형태 외에도 다른 거미줄을 유심히 살펴볼 수 있었던 것 모두 유아의 발견과 궁금증으로부터 시작된 것이었습니다. 유아의 호흡에 따라 거미 관련 신체활동을 지원해 주었던 것도 의미가 깊었습니다. 정적인 활동과 동적인 활동을 고루 하며, 더 흥미롭게 거미와 거미줄의 특성을 탐구해 볼 수 있었습니다. 초반에 교사가 세운 목표보다 더 풍부하고 폭넓게 주제가 진행될 수 있었던 것은 유아의 흥미를 따라갔기 때문임이 분명합니다.

유아의 놀이를 지원함에 있어 교사인 저에게 가장 중요한 일과 중 하나는 '평가 및 계획안'을 작성하는 시간입니다. 하루를 마치고 유아들이 집으로 돌아가면 저는 판국을 비평하기 위하여 다시 바둑돌을 하나하나 수놓아 보는 기사가 되어 유아들의 놀이를 하나하나 복기하는 시간을 가집니다. 사진과 기록을 통해 남겨 둔 자료와 기억을 훑어보고 동료교사와 이야기를 나누다 보면, 유아들이 무엇에 흥미를 보이는지/어떤 개념을 알고 있는지/교육적으로 어떤 의미가 있는지/아쉬웠던 점은 없는지/더 지원해 주고 싶은 부분은 없는지에 대한 평가가 절로 따라옵니다.

당연히 평가를 '잘'하기 위해서는 관찰을 '잘'해야 할 것입니다. 놀이의 본질을 해치지 않으면서도 유아가 놀이 속에서 '진짜 배움'을 얻을 수 있도록 지원하기 위해서 교사의 눈과 귀는 항상 열려 있어야 합니다. 정해진 커리큘럼을 그대로 성실하게 실행하는 것도 그 나름대로 의미가 있겠지만 유아의 흥미와 호흡을 존중하고 유아와 함께 흥미진진한 길을 직접 만들어나갈 때의 즐거움은 무엇과도 비교하기 어렵다는 것을 다시 한번 느낄 수 있는 활동이었습니다.

4. 만 4세 – 우리 동네와 환경

1) 주제

- 우리 동네와 환경(만 4세)

2) 선정 이유

날이 좋아 산책을 하던 중, 유아들은 길에 세워져 있는 다양한 표지판에 관심을 보였습니다. 교사는 유아에게 표지판이 나타내는 의미에 대해 유추해 보도록 하거나 왜 그런 표지판들이 필요한지 이야기를 나누기도 했습니다. 교사는 관심이 지속될 수 있도록 교실로 돌아와 표지판 놀잇감을 제공해 주었고 유아들은 이것을 이용하여 활발하게 놀이를 시작했습니다.

유아들은 표지판 놀잇감을 소품 삼아 유니트 블록으로 도로와 건물을 구성하고 점차 하나의 커다란 동네를 만들어나갔습니다. 이같이 동네 만들기 놀이는 며칠 동안 지속되었고 유아들의 흥미도 이어져 나갔습니다. 그러나 교사는 유아들이 단순히 도로와 아파트만을 반복하여 만드는 모습을 관찰하고, 놀이를 확장시킬 필요가 있다고 생각하여 이 기회를 통해 다양한 동네와 구성요소들에 대해 알아보는 시간을 갖기로 결정했습니다.

3) 교육목표

언어 (의사소통)	• 자신이 알고 있는 지식과 경험, 생각을 적절한 문장으로 말한다.
사회 · 정서 (사회관계)	• 친구와 '동네'를 함께 구성하고 놀이하며 우호적인 관계를 형성한다.
창의 · 예술 (예술경험)	• 다양한 미술 활동에 관심을 갖고 즐기는 태도로 참여한다.
인지 (자연탐구)	• 궁금한 것을 탐구하는 과정에 적극적으로 참여한다.

4) 교육과정 전개

우리 동네 알아보기

다양한 표지판 놀잇감

표지판과 블록을 이용해
동네 구성하기

우리 동네 관련 그림책

이야기 나누기
'연구원 주변에는
무엇이 있을까'

이야기 나누기
'내가 사는 동네에 있는 것
소개하기'

산책하며
기관 주변 살피기

<table>
<tr><td>관찰</td><td colspan="2">• 유아들은 제공된 다양한 표지판과 유니트 블록을 이용하여 동네 구성 놀이를 지속함. 이때 다수의 유아는 반복적으로 도로와 아파트만을 구성하며 놀이함. 이를 본 교사는 유아가 살고 있는 동네에 있는 것들을 떠올리고 표상할 수 있도록 도움을 주었으나 유아는 단순히 몇 가지 기관(소방서, 경찰서, 우체국)만을 반복적으로 떠올리고 구성함</td></tr>
<tr><td>교육적 의문</td><td colspan="2">• 동네에 대한 지식이 부족해 단순한 형태의 동네를 반복적으로 만드는 유아를 위하여 동네의 다양한 구성요소(공공기관, 행정기관, 공공시설물 등)를 알려줄 필요가 있다고 생각함
• 유아와 가장 밀접한 공간인 내가 사는 동네와 기관 주변을 조사하는 활동부터 계획함. 기관 주변은 실외 자유놀이 시간을 이용해 유아들과 함께 조사함</td></tr>
<tr><td rowspan="2">지원</td><td>환경</td><td>• 우리 동네에 있는 다양한 기관 관련 그림책
• '내가 사는 동네에 있는 것 소개하기'에 사용된 자료 제시</td></tr>
<tr><td>방법</td><td>• 이야기 나누기 '연구원 주변에는 무엇이 있을까'
• 이야기 나누기 '내가 사는 동네에 있는 것 소개하기'
• 실내 자유놀이: 유아가 블록으로 마을 구성할 때, 유아가 살고 있는 동네에 있는 것/기관 주변에서 찾아본 것을 회상하여 놀이하도록 상호작용</td></tr>
</table>

블록으로 동네 표상하기

획일적인 형태의 건물 구성하기

쌓기 놀이 공간을 넓히고,
다양한 블록 제시

공사 관련 놀잇감
(안전모, 여러 가지 공구 등)

동화 '높이 높이 더 높이 건물을 지어요'

이야기 나누기
'다양한 건물과 다리'

형님들이 만든
구성물 사진 보며 놀이하기

<table>
<tr><td>관찰</td><td colspan="2">• 집단활동을 통해 알게 된 정보를 바탕으로 많은 유아는 여러 가지 기관이 포함된 동네를 구성하기 시작함. 이때 몇 명의 유아들은 블록을 무작위로 쌓거나 높이 쌓길 반복함
• 블록으로 동네를 만들 때, 유아들은 “이걸(직육면체 모양의 유니트 블록)로만 아파트를 만들어야 돼요.”, “이거(원기둥의 유니트 블록)로 다리 만들어야 해요.”와 같은 말을 자주 하는 것으로 보아 고정된 사고를 가지고 있다고 생각함</td></tr>
<tr><td>교육적 의문</td><td colspan="2">• 유니트 블록을 처음 접한 유아가 많아 구성물의 형태가 단순하게 나타남. 유아의 쌓기 놀이 수준을 향상시킬 수 있도록 지원할 필요가 있음
• 획일적인 형태의 건물과 다리 등을 구성하는 모습이 반복적으로 나타나므로, 여러 가지 모양의 건축물을 알아보는 활동을 계획함</td></tr>
<tr><td rowspan="2">지원</td><td>환경</td><td>• 건축에 대한 지식을 얻을 수 있는 그림책 (‘건축’, ‘크로스섹션: 18가지 건축물과 교통기관의 내부를 본다’ 등)
• 쌓기 놀이 공간을 충분히 확보하고, 다양한 블록(공간 블록, 다양한 색의 블록)을 제공
• 다양한 건축 양식의 사진 자료를 쌓기 놀이 영역에 제공
• 만 5세 유아가 유니트 블록으로 만든 견고한 구성물의 사진을 쌓기 놀이 영역에 제공
• 역할놀이 영역에 공사 관련 놀잇감(안전모, 공구 놀잇감 등)을 제공하고, 쌓기 놀이와 역할놀이의 통합이 이루어질 수 있도록 구성</td></tr>
<tr><td>방법</td><td>• 이야기 나누기 ‘다양한 건물과 다리’
• 동화『높이 높이 더 높이 건물을 지어요』
• 실내 자유놀이: 유아가 만들고자 하는 건물의 특성을 생각하고, 이를 다양한 색과 모양의 블록으로 표상하도록 상호작용</td></tr>
</table>

다양한 미술 활동으로 동네 표상하기

다양한 형태의 건축물 만들기	아세테이트지 이용해 건물 그리기	OHP를 이용한 동네 풍경 그리기

<table>
<tr><td>관찰</td><td colspan="2">• 교사의 지원으로 인해 다수의 유아는 이전보다 정교한 형태의 구성물을 만들게 됨. 대칭을 이루는 건물, 사각뿔, 점차 뾰족해지는 건물과 같은 다양한 형태의 건축물을 창의적으로 표상하면서 성취감을 드러냄
• 다양한 블록으로 활발하게 놀이하면서 유아들은 블록으로 표상할 수 없는 부분(가게 간판 등)을 표현하고 싶어 함</td></tr>
<tr><td>교육적 의문</td><td colspan="2">• 표상에 대한 욕구가 높은 유아를 위하여 여러 가지 방식으로 대상을 표현해 볼 기회를 제공하는 것이 필요함
• 블록 외에도 다양한 미술 재료를 이용하여 만들고자 하는 대상을 표상할 수 있도록 계획함</td></tr>
<tr><td rowspan="2">지원</td><td>환경</td><td>• 미술 영역에 여러 가지 폐품 및 다양한 미술 재료 제공
• 동네 관련 언어 카드(예: 우체국, 가게, 아파트 등) 제공
• 교실 내외에 유아가 만든 작품 전시</td></tr>
<tr><td>방법</td><td>• 실내 자유놀이: 미술 영역에서 놀이하는 유아의 소근육 및 표상 능력 수준을 고려하여 다양한 방법(아세테이트지, OHP 등)으로 표현할 수 있도록 지원</td></tr>
</table>

살고 싶은 동네 구성하기

블록과 폐품으로 만든 구성물로 살고 싶은 동네 만들기

내가 살고 싶은 동네 소개하기

게임 '분리수거를 해요'

관찰

- 많은 유아가 블록뿐만 아니라 폐품으로 만든 구성물을 이용하여 동네를 구성하기 시작함. 블록 놀이에 관심이 덜하였던 여아들도 폐품으로 다양한 건물을 만들면서 동네 만드는 놀이에 적극적으로 참여하게 됨. 유아들은 점차 다양한 동네(아름다운 동네, 깨끗한 동네 등)의 모습을 표상하는 데 높은 관심을 보임
- 작년에 수질 오염과 종이 낭비의 심각성을 다룬 교육과정을 접해 본 적이 있던 유아들은 '바다가 깨끗한 동네', '나무를 지키는 동네'를 자발적으로 구성함
- 미세먼지가 매우 나빠 실외 놀이하지 못했던 날, 한 유아는 '미세먼지가 없는 동네'를 구성하여 놀이함. 이를 본 다른 유아도 함께 놀이에 참여하면서 교사에게 "이런 데서 살고 싶어요.", "진짜 미세먼지가 없으면 좋겠어요."라고 말함. 이와 같이 유아들은 살고 싶은 동네를 반복적으로 구성하며 놀이함

? 교육적 의문

- 유아들은 주변 놀잇감(블록, 폐품으로 만든 건물 등)을 유연하게 활용하게 되면서, 이전보다 창의적인 형태의 동네를 표상하게 됨
- 유아들은 사전 지식과 실생활에서의 경험을 토대로 '살고 싶은 동네'를 만들고 있음. 또한 이 과정에서 현실에서 느끼고 있는 불만을 해소하려 함을 알 수 있음. 유아의 사고 확장을 위하여 유아가 살고 싶은 동네는 어떤 모습인지, 이유는 무엇인지 알아보는 기회를 갖도록 함

지원	방법	• 이야기 나누기 '내가 살고 싶은 동네' • 이야기 나누기 '다양한 환경 문제' • 동화 『건물들이 휴가를 갔어요』 • 동화 『지구를 다 먹어버린 날』 • 노래 '작은 조각 종이' • 게임 '분리수거를 해요' • 실내 자유놀이: 이야기 나누기 '내가 살고 싶은 동네'를 한 후, 활동에서 언급된 동네('깨끗한 동네', '행복하고 아름다운 동네' 등)를 표상 및 소개

푸른 지구 마을 전시회 계획 및 준비하기

이야기 나누기 '전시회 계획하기'

팀별로 전시회 계획하기

전시회 간판 만들기

물이 깨끗한 마을 꾸미기

풍력 발전소 생김새 알고 표상하기

전시회 홍보하기

<table>
<tr><td>관찰</td><td colspan="2">• 많은 유아는 다양한 활동을 통해 환경 문제의 심각성을 인식할 뿐만 아니라, 이를 해결하기 위한 방법에 대해서도 더욱 관심을 갖기 시작함. 이와 관련된 내용이 놀이나 대화에서 자주 나타남
• 제공된 도서 및 다양한 활동을 통해 알게 된 지식을 바탕으로 동네 구성 수준이 높아지고 정교화되어 감
• 기관 내 손위 또래가 캠페인 하는 모습을 본 경험이 있던 다수의 유아는 다른 사람들에게 환경 문제의 심각성을 알리자고 말하기 시작함. 마침 자신들이 만든 마을을 무너뜨리기 아쉬워했던 유아는 직접 만든 '환경오염이 없는 살기 좋은 마을'을 사람들에게 보여 줄 수 있는 전시회를 열자고 제안함
• 유아들은 전시회에서 '전기를 아껴 쓰는 마을', '쓰레기가 없는 마을', '물이 깨끗한 마을', '공기가 맑은 마을'을 만들어 보여 주기로 결정함</td></tr>
<tr><td>교육적 의문</td><td colspan="2">• 유아의 의견을 반영하여 전시회를 통해 사람들에게 메시지를 전달하기로 결정함. 전시회를 열기 위해 전시회를 운영하는 데 필요한 과정(전시회장 주변 꾸미기, 간판 만들기, 티켓 만들기, 홍보하기 등)을 알아보는 시간을 가지기로 함
• 유아가 말한 네 가지 마을('전기를 아껴 쓰는 마을', '쓰레기가 없는 마을', '물이 깨끗한 마을', '공기가 맑은 마을')을 구체적으로 표상할 수 있도록 지원할 계획임</td></tr>
<tr><td>지원</td><td>방법</td><td>• 실내 자유놀이
- 유아마다 맡은 역할을 수행할 수 있도록 격려 및 지원
- 전시회에 구성할 마을 중에서 꾸미길 원하는 마을을 선택한 뒤, 같은 팀의 유아끼리 모여 어떻게 마을을 구성할지 브레인스토밍하는 시간을 가짐. 유아 간 의견을 공유하며 지식 확장
- 전시회장에 유아가 원하는 마을을 블록, 폐품으로 표상해 볼 수 있도록 상호작용(예: 쓰레기가 없는 마을 팀은 분리수거 표시를 알고 분리수거함 만들기, 전기를 아껴 쓰는 마을 팀은 풍력 발전소 생김새 알고 재활용품으로 만들기, 물이 깨끗한 마을 팀은 깨끗한 바다에 사는 동물 알고 그리기 도구로 표상하기, 공기가 깨끗한 마을 팀은 폐품으로 공기정화조 만들기를 함)
• 이야기 나누기 '전시회 계획하기'
• 이야기 나누기 '전시회 홍보 방법 정하기'</td></tr>
</table>

푸른 지구 마을 전시회 운영하기

전시회 구성하기

완성된 전시장

자신이 구성한 마을에 대해 설명하기

관찰

- 유아들은 다양한 활동을 통해 수집한 정보를 표상하여 전시회를 구성해 나감
- 유아들은 전시회 준비과정에 책임감을 갖고, 자신이 맡은 역할을 수행함. 이때 한 유아는 전시회에 갔던 경험을 회상하며 "전시회에 가면 설명해 주는 사람이 있어요."라고 말함. 이를 기점으로 유아들은 친구와 동생들이 전시회에 오면 직접 설명해 주고 싶다고 함

교육적 의문

- 유아가 전시회를 운영하는 과정을 통해 책임감을 기르고, 자신을 유능한 인격체로 인식할 기회를 제공하고자 함
- 많은 유아는 자신의 생각과 경험을 적절한 문장으로 말할 수 있음. 유아의 발달수준 및 흥미를 고려하여 전시회 운영과정에서 유아가 참여할 수 있는 부분에 대해 역할 분담을 하고 부족한 부분은 교사가 지원함
- 유아들 모두가 협력하여 전시장을 구성하고 운영한 것에 대해 자신감과 뿌듯함을 가지는 계기가 되었음

지원

방법

- 이야기 나누기 '전시회에 필요한 역할(티켓 나눠 주기, 전시 방법 설명하기, 도슨트) 정하기'
- 이야기 나누기 '전시회에서 지켜야 하는 약속 정하기'
- 실내 자유놀이
  - 개별 유아마다 성향 및 발달수준을 고려하여 전시회 운영과정에 즐거운 마음으로 참여할 수 있도록 지원

5) 평가

최종 교육목표	
신체 (신체운동·건강)	• 다양한 신체 활동을 통해 대근육 협응 및 통제력을 기른다. • 소근육을 세밀하게 조절하여 다양한 도구(블록, 미술 재료 등)를 능숙하게 사용한다.
언어 (의사소통)	• 자신이 알고 있는 지식과 경험, 생각을 적절한 문장으로 말한다. • 다양한 쓰기 활동에 참여하며 글자에 자연스럽게 관심을 갖는다.
사회·정서 (사회관계)	• 친구와 '동네'를 함께 구성하고 놀이하며 우호적인 관계를 형성한다. • 친구와 같은 놀이를 지속하며 긍정적인 또래 관계를 형성한다. • 자신이 맡은 역할을 인식하고 수행한다. • 사회적 약속을 내면화하고 준수한다.
창의·예술 (예술경험)	• 다양한 미술 활동에 관심을 갖고 즐기는 태도로 참여한다. • 다양한 미술 활동에 참여하며 자신의 생각과 느낌을 창의적으로 표상한다.
인지 (자연탐구)	• 궁금한 것을 탐구하는 과정에 적극적으로 참여한다. • 환경과 자원을 보존하는 방법과 필요성에 대해 이해한다.

6) 마무리 / 교사저널

산책 때 우연히 발견한 표지판에서부터 푸른 지구 마을까지… 유아들은 단순히 우리 동네의 이름과 기관을 알아보는 것에서 그치는 것이 아니라, 자신을 둘러싼 사회 문제에 관심 갖고 해결 방안을 내세우기까지 했습니다. 처음에는 우리 동네에 대한 관심이 높아져 다양한 블록으로 표상하는 유아들을 보면서, '우리 동네에 대해 배운다면, 지역 사회 기관과 다양한 직업에 대해 알아봐야 하는 것이 아닐까?'라고 생각했습니다. 그러나 유아의 흥미를 따라 놀이를 지원하고 대소집단 활동을 계획한 결과, 유아들은 블록으로 커다란 동네를 표상하며 자연스럽게 여러 가지 공공기관에 대해 알아 나갔고 친구와 완성한 동네로 상상 놀이를 하며 우리 동네 사람들이 하는 다양한 일에 대해 관심을 가져 나갔습니다. 더 나아가 유아들은 자신이 살고 있는 지역사회의 문제점까지 인식해 볼 수 있었습니다.

'만약 교사가 주도적으로 활동을 진행해 나갔다면 위와 같은 교육과정으로까지 나아갈 수 있었을까?'라는 생각이 듭니다. 교사가 유아의 흥미를 파악하여 활동을 진행함에 따라, 유아들의 관심과 즐거움은 배가 되고 주제에 대한 몰입도도 높아졌습니다. 또한 유아의 놀이를 관찰하고 어떤 지원이 필요할지 고민을 거듭함에 따라, 유아들의 지식은 점차 확장되어 갔습니다.

유아들의 생각으로 인해 초반에 '우리 동네'로 시작하여 '환경'으로까지 나아간 것이 정말 대견스러웠습니다. 유아들의 사전지식이 놀이에 반영이 되어 가고, 새로운 지식과 만나 또다시 풍부한 놀이를 만들어 갔습니다. 위 교육과정을 진행하면서 저는 다시 한번 유아들의 놀이에서 공통된 관심사를 찾아내고, 발현시켜 주는 교사의 역할이 얼마나 중요한지 깨달았습니다.

5. 만 5세 – 우주와 로켓

1) 주제

- 우주와 로켓(만 5세)

2) 선정 이유

학기 초 새롭게 바뀐 아뜰리에를 둘러보는 과정에서 유아들은 여러 미술재료 중 형광 물감을 발견하고 신기해하며 자신들의 작품을 표상하고 싶어 하였습니다. 교사는 유아들이 자유롭게 표현할 수 있도록 형광물감 및 관련 재료 등을 제공하였고 유아들은 이것을 사용해 다양한 그림을 그리기 시작했습니다. 한 유아가 재료의 특성을 살려 우주에 관련된 그림(별, 행성 등)을 그리자 다른 유아들도 많은 관심을 보이며 모방하는 모습이 나타났습니다. 며칠에 걸쳐 그리기가 지속되었고 표상 수준이 점점 정교화되고 우주에 대한 관심과 흥미가 더욱 높아졌습니다.

만 5세 수준에 우주는 다소 어려운 감이 있을지 모르겠다는 생각을 했지만 당시 학급에는 태양, 달, 로켓, 별자리 등에 관심을 갖는 유아가 다수 있었습니다. 교사는 우주에 대해 알아보는 과정을 통해 유아의 상상력을 자극하는 동시에 지구와 여러 행성이 존재하는 우주공간을 인식할 기회를 제공할 것으로 생각했습니다.

3) 교육목표

언어 (의사소통)	• 자신이 알고 있는 우주에 대한 정보와 생각을 적절히 말한다. • 우주 관련 책읽기에 관심을 가진다.
사회·정서 (사회관계)	• 자신이 한 일에 대해 만족감을 느끼고 표현한다. • 내가 살고 있는 곳에 대해 궁금한 것을 알아본다.
창의·예술 (예술경험)	• 다양한 미술재료와 도구를 사용하여 우주 관련 작품을 표상한다.
인지 (자연탐구)	• 우주에 태양, 지구, 달, 별 등이 있음을 인식하고 호기심을 가진다.

4) 교육과정 전개

우주 관련 유아의 관심 파악

'우주'에 대한 표상

'우주' 관련 그림책

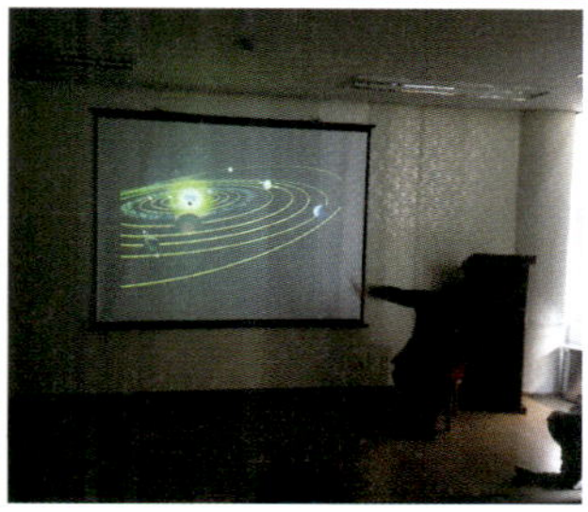

'우주' 관련 이야기 나누기

관찰		• 아뜰리에에 새롭게 제시된 형광 물감을 탐색하는 과정에서 다수의 유아가 우주와 관련한 표상(별, 행성)을 만듦. 대부분의 표상은 동그란 모양의 행성들이 모인 단순한 형태로 나타남 • 우주에 관한 다양한 표현이 나타날 수 있도록 관련된 이야기 나누기를 계획함 • 이후 교실에 있는 공간적목을 활용하여 우주탐사선 구성놀이가 반복적으로 나타남 • 놀이 과정에서 '행성'에 대해 언급하는 경우가 많았음(예: "목성까지 가는 우주탐사선입니다!", "이거는 달까지만 가요~")
교육적 의문		• 놀이 과정에서 태양계 행성에 대해 언급하는 경우가 많았으며 관련 작품을 표상하는 유아의 수가 점차 늘어남. 유아와 함께 다양한 행성에 대해 알아볼 필요성을 인식하게 됨 • 단순한 형태나 작은 블록으로 탐사선을 만드는 경우가 많아 유아에게 실제 우주탐사선의 구조를 알려 주어야겠다고 생각함
지원	환경	• '우주' 관련된 다양한 그림책(태양계 행성과 로켓에 대한 정보, 우주의 풍경을 담은 그림책) • '우주' 관련 화보를 교실 벽면에 부착 • 큰 블록(대형 와플 블록, 공간 블록 등) 제공 • 공간을 충분히 활용할 수 있도록 교실 배치
	방법	• 동화『태양계 행성』 • 영상 감상 '우주탐사선에서의 생활' • 우주탐사선 놀이 확장을 위해 기관 곳곳을 다니며 우주탐사선 놀이에 필요한 소품과 놀잇감 찾아보기

우주탐사선 놀이

우주탐사선 만들기

가구와 소품으로
우주탐사선 구성하기

우주탐사선을 이용한
행성 탐사

블랙홀 활용해서 놀이하기

'우주'에 대한 표상

암막 커튼과 블라인드 설치

<table>
<tr><td>관찰</td><td colspan="2">• 직접 찾은 소품들을 활용하여 우주탐사선 놀이가 활발히 이루어짐. 우주탐사선에 대한 학급의 관심이 높아짐에 따라 많은 유아가 함께 우주탐사선을 만들고 행성을 탐사하는 놀이가 반복적으로 나타남
• 그림책에 소개된 블랙홀에 대해 흥미를 보이는 유아들이 있었음. 우주탐사 놀이 과정에서 극적인 요소로 '블랙홀'을 구성하여 놀이에 활용하기도 함. 친구들의 놀이 모습을 보며 블랙홀에 대해 궁금해하는 유아가 있었음
• 우주에 대해 많은 유아가 높은 관심을 보이며 오랜 시간 동안 이어짐. 실내 자유놀이 시간에 우주 관련 미술작품 표상이 반복적으로 나타났으며, 표상한 작품들을 모아 전시회를 열고 싶다고 이야기하는 유아가 생김</td></tr>
<tr><td>교육적 의문</td><td colspan="2">• '블랙홀'은 만 5세 수준에 어려운 개념이기 때문에 우주에 관심이 많은 한 유아의 발표로 간단히 알아보는 시간을 가짐
• 기관 내에 우주전시회를 열기 적절한 장소를 유아와 함께 정해 보기로 함. 교사는 형광물감의 특성을 고려하여 장소를 선정해 볼 것을 안내하였고, 유아는 복도 끝에 커튼을 달아 어둡게 만들어 전시회장으로 구성해 볼 것을 제안함</td></tr>
<tr><td rowspan="2">지원</td><td>환경</td><td>• 학급이 위치하여 있는 기관 4층 복도 끝에 암막커튼과 블라인드를 설치하여 공간을 어둡게 구성</td></tr>
<tr><td>방법</td><td>• 이야기 나누기 '우주전시회 준비하기'</td></tr>
</table>

우주전시회 구성 및 운영하기

우주전시회 포스터

우주전시회 운영

로켓 그림자 만들며 놀이하기

풍선으로 만든 로켓 실험하기

다양한 로켓 화보 제시/
새로운 블록을 제시하여
다양한 로켓 표상 지원하기

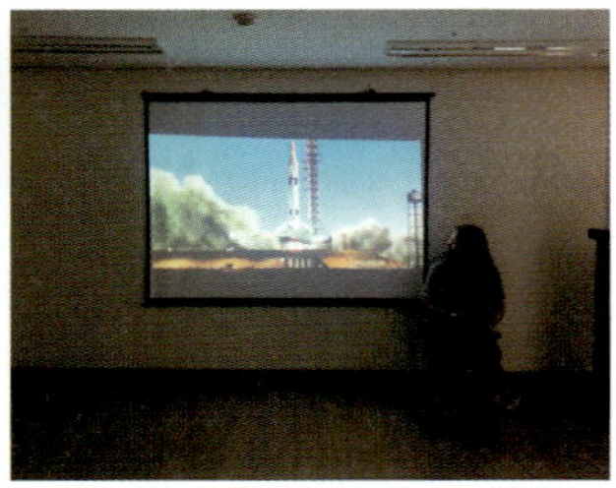

로켓의 원리에 대한
이야기 나누기

관찰		• 우주탐사선 놀이가 활발히 이루어지는 한편 우주전시회 구성에 매우 적극적으로 참여하는 모습을 보임. 교사가 권유하지 않아도 자발적으로 참여함 • 단순히 전시되어 있는 작품들을 보기만 하는 전시회가 아니라 놀이할 수 있는 공간으로 구성하고 싶다는 유아 의견이 있었음 • 대다수 유아가 전시회 준비, 홍보, 운영과정에 주도적으로 참여하는 모습을 보임. 그 과정에서 우주를 배경으로 하는 우주탐사선 놀이가 더욱 활발히 이루어짐. 놀이가 반복되며 실감 나는 상상놀이를 위해 교실 벽면에 우주의 풍경(태양계 행성, 은하수, 별똥별이 떨어지는 모습 등)을 붙이며 놀이하는 모습이 관찰됨
교육적 의문		• 체험하고 놀이할 수 있는 전시회장으로 구성하고자 유아와 함께 관련 이야기 나누기 활동을 여러 차례 진행하였으며 전시회장에 추가로 제공할 수 있는 새로운 재료(예: 축광지, 놀이에 사용할 수 있는 로켓 등)에 대해 고민함 • 홍보할 수 있는 다양한 방법에 대해 의견을 모아 보는 기회를 마련함 • 실감 나는 우주탐사 놀이가 이루어질 수 있도록 놀이 지원방법을 고민하게 됨. 빔프로젝터를 활용하여 교실 벽면에 우주 배경을 투사하기로 계획함 • 빔프로젝터의 빛을 등지고 우주 배경에 그림자를 만드는 놀이가 이루어지는 것을 관찰함. 우주전시회장에 전시해 놓은 로켓을 가지고 와서 놀이하는 유아가 다수 있었음. (예: “이렇게 하니까 진짜 우주에 로켓이 날아가는 것 같지요?”) • 이전에 교실에서 진행했던 과학 실험을 기억하고 풍선으로 로켓을 만들자고 이야기하는 유아들이 관찰됨
지원	환경	• 다양한 종류의 로켓 화보 게시 • 다양한 형태의 로켓을 구성할 수 있도록 새로운 종류의 블록 제공 • 가정에서 로켓을 만들기 적절한 폐품을 가져올 수 있도록 안내 후 제공
	방법	• 이야기 나누기 ‘우주전시회 운영방법’ • 이야기 나누기 ‘로켓이 날아가는 원리’ • ‘풍선 로켓 만들기’

로켓 놀이하기

풍선 로켓 실험하기

로켓의 원리 알아보기

로켓발사대 설치

<table>
<tr><td>관찰</td><td colspan="2">• 로켓에 대한 유아의 흥미가 점점 높아지며 실내 자유놀이 시간에 로켓을 만들어 놀이하는 유아의 수가 늘어남</td></tr>
<tr><td>교육적 의문</td><td colspan="2">• 다수의 유아가 풍선 로켓 실험을 매우 즐겨, 교사는 바람 외에 다른 원동력으로 날릴 수 있는 로켓에 대해 고민하게 됨
• 대집단의 형태로 유아와 함께 로켓이 날아가는 원리와 방법에 대해 이야기해 보는 시간을 계획함. 새총처럼 고무줄을 활용하여 로켓을 날리고 싶다고 이야기하는 유아가 있었음</td></tr>
<tr><td rowspan="2">지원</td><td>환경</td><td>• 교실에 탄성 차이가 있는 다양한 종류의 고무줄 제공
• 간단한 거치대를 구성하여 고무줄의 힘으로 멀리까지 날릴 수 있는 로켓 발사대를 구성</td></tr>
<tr><td>방법</td><td>• 실내 자유놀이: 모든 유아가 자유롭게 놀이할 수 있도록 로켓발사대를 제공함. 전원의 유아가 높은 관심을 보이며 로켓 날리기에 적극적으로 참여함. 간단한 거치대였기 때문에 내구성이 좋지 않아 견고한 형태로 거치대를 만드는 동시에 본격적으로 로켓 발사대 구성</td></tr>
</table>

로켓 발사대 구성하기

로켓 발사놀이

태양계 행성 표상하기

태양계 행성 실제 크기 고려하여 표상하기

로켓발사대 바닥 구성하기 (태양 표상하기)

로켓발사대 바닥 구성하기 (행성 표상하기)

우주 로켓발사대

<table>
<tr><td colspan="2">관찰</td><td>• 몇 명의 유아들이 우주전시회장을 배경으로 로켓을 날리면 우주에서 발사하는 생생한 느낌을 낼 수 있다고 이야기하며 발사대를 우주전시회장으로 옮김
• 놀이 과정에서 "앗 로켓이 천왕성까지 날아갔어요!"라고 이야기하며 로켓이 날아가는 거리를 행성과 연결 지어 이야기하는 모습이 여러 차례 관찰됨
• 관련 그림책을 보며 태양과 행성 간의 거리에 대해 관심을 보이고 그림으로 표상하는 유아의 수가 늘어남</td></tr>
<tr><td colspan="2">교육적 의문</td><td>• 전시회를 마치고 시간이 꽤 지난 상태였기 때문에 교사는 우주전시회장을 어떻게 활용하는 것이 좋을지 고민하던 시기였음. 로켓발사대로 재구성하는 것에 대해 긍정적으로 고민하게 됨
• 대다수 유아가 로켓 날리기를 즐겼으며 평소 실내자유놀이와 다른 놀이 모습의 관찰이 가능하였음. 보통 그림 그리기만을 즐기는 여아, 시끄러운 곳을 싫어하는 예민한 기질의 유아, 단짝과만 함께 놀이하는 유아도 로켓 놀이에 활발히 참여하는 모습을 보임. 교사는 또래 관계 증진을 위해 로켓 놀이를 확장해 주기로 함
• 우주로켓 발사대에서 로켓 날리기가 매우 활발히 나타났기 때문에 교사는 고무줄 외에 다른 힘으로 날릴 수 있는 로켓에 대해 고민하게 됨</td></tr>
<tr><td rowspan="2">지원</td><td>환경</td><td>• 유아가 표상한 행성과 해당 행성에 대한 간단한 설명을 로켓발사대부터 실제 행성 간의 거리에 비례하여 부착</td></tr>
<tr><td>방법</td><td>• 이야기 나누기 '우주로켓 발사대를 구성하기'
• 실내 자유놀이: '우주로켓 발사대 구성하기', '나만의 로켓 만들기'</td></tr>
</table>

로켓 발사하기

다양한 형태의 로켓 구성하기

실내에서 다양한 형태의 로켓 발사하기

야외에서 고무줄로켓 발사하기

가정에서 가져온 에어로켓 소개하기

에어로켓 발사하기

물로켓 발사하기

관찰	• 실내에서 로켓을 날릴 시 공간 제약이 많아 발사대를 실외로 옮겨 로켓을 발사해 보는 시간을 가짐. 반복적으로 놀이하는 과정에서 로켓을 멀리까지 날릴 방법에 대해 고민하며 자신의 로켓을 수정·보완해 나가는 모습을 관찰할 수 있었음 • 로켓 날리기가 한창 활발히 이루어지던 시점에 한 유아가 주말 동안 서점에서 에어로켓을 발견하여 학급에 가지고 옴. 많은 유아들이 관심을 보여 함께 날려 보는 시간을 가짐
교육적 의문	• 풍선/고무줄/공기의 힘으로 로켓을 날려 보았기 때문에, 물의 압력으로 날리는 물로켓을 유아와 함께 날려 보기로 함 • 물 로켓을 직접 만드는 것, 직접 발사시키는 것 모두 만 5세 수준에 적절하지 않다고 판단되어 교사가 물 로켓을 주도적으로 발사하였으며 유아는 곁에서 과정을 지켜 보며 간접경험의 기회를 가짐
지원	**방법** • 이야기 나누기 '물 로켓을 날리기 위해' • 실내 자유놀이: '물 로켓 날리기'

5) 평가

최종 교육목표	
신체 (신체운동·건강)	• 다양한 신체 활동을 통해 대근육 협응 및 통제력을 기른다.
언어 (의사소통)	• 자신이 알고 있는 우주에 대한 정보와 생각을 적절히 말한다. • 책 읽기에 관심을 가진다. • 친구와 활발히 의견을 교환하며 전시회 홍보/운영방법을 결정한다. • 쓰기의 목적을 알고 전시회 준비과정에서 필요한 글자를 쓴다.
사회·정서 (사회관계)	• 자신이 한 일에 대해 만족감을 느끼고 표현한다. • 내가 살고 있는 곳에 대해 궁금한 것을 알아본다. • 전시회 운영과정에서 자신이 맡은 역할을 알고 교사가 상기시키지 않아도 수행한다.
창의·예술 (예술경험)	• 다양한 미술재료와 도구를 사용하여 우주 관련 작품을 표상한다. • 다양한 미술작품을 감상하며 심미감을 키운다. • 우주전시회장을 구성하며 우주의 아름다움을 느낀다.
인지 (자연탐구)	• 우주에 태양, 지구, 달, 별 등이 있음을 인식하고 호기심을 가진다. • 호기심, 관찰력을 가지고 우주에 대해 탐구한다. • 자신이 탐구한 정보를 친구와 함께 공유한다. • 로켓을 멀리까지 날릴 수 있는 방법에 대해 탐구한다.

6) 마무리 / 교사저널

처음에 교사는 '우주'라는 주제가 만 5세 유아에게 다소 어려운 개념이라고 생각했습니다. 그래서 어떻게 하면 유아의 발달에 적합하면서도 흥미롭게 이끌어 나갈 수 있을지 많은 고민을 하였습니다. 고민 끝에 교사는 유아가 흥미를 보이는 주제를 놀이로 풀어냈고, 놀이 과정에서 나타나는 양상을 관찰하여 다양한 대소집단 활동으로 지원하였습니다. 대소집단 활동을 통해 놀이 과정에서 보인 한계와 어려움을 뛰어넘고, 새로 습득한 정보를 다시 놀이에 활용하는 유아의 모습을 보며 교사는 놀이 관찰과 적절한 대소집단 활동 지원을 통해 유아가 어려운 개념을 쉽게 발전시킬 수 있음을 알 수 있었습니다.

교사가 제공한 고무줄로켓 발사대에서 유아들은 반복적으로 로켓을 발사시키며 교사의 도움 없이 스스로 로켓을 더 멀리 날릴 방법에 대해 고민하고 탐구하였습니다. 그 과정에서 유아는 "아, 로켓을 더 가볍게 만들어야 멀리 날아갈 수 있구나!"라며 스스로 깨닫고, 자신이 새로 알게 된 정보를 토대로 자신의 로켓을 수정하고 보완하였습니다. 또한 "야~ 고무줄을 엄청 세게 당겨야 멀리 날아갈 수 있어! 내가 도와줄까? 더 뒤로 가!"라고 이야기하며 자신이 알고 있는 정보를 친구와 공유하는 것이 매우 활발히 이루어졌습니다. 이와 같은 과정에서 교사는 유아가 단순히 성인만을 통해 정보를 습득하는 것이 아니라 친구와 놀이를 통해 많은 이야기와 경험을 공유하며 정보를 습득한다는 사실을 확인할 수 있었습니다.

교육과정 초기 계획 단계에서 교사가 떠올린 주제는 '우주'였습니다. 그러나 활동이 진행되며 유아의 흥미에 따라 주제는 '우주와 로켓'으로 확장되었습니다. 교사는 유아의 놀이를 관찰하며 의미 있는 교육이 이루어질 수 있도록 유아의 필요와 흥미에 따라 활동을 진행하였습니다. 이번 '우주와 로켓' 교육과정을 운영하며 유아의 흥미를 중심으로 교육과정을 진행하는 것이 진정한 교육이라는 생각이 들었습니다.

집 필 진

정혜욱 이화여자대학교 유아교육과 교수

김은영 이화어린이연구원 원감

윤진주 이화어린이연구원 연구교사

송정아 이화어린이연구원 교사

안정원 이화어린이연구원 교사

정혜원 이화어린이연구원 교사

어린이교육의 기본 바로 알기 시리즈 ⑩

놀이 중심 교육과정에서의 교사 역할 바로 알기

초판 1쇄 발행 2019년 7월 31일
초판 3쇄 발행 2020년 9월 1일

지 은 이 | 정혜욱 · 김은영 · 윤진주 · 송정아 · 안정원 · 정혜원
펴 낸 이 | 김기섭
편 집 인 | 이초롱
펴 낸 곳 | 창지사 www.changjisa.com
08589 서울시 금천구 가산디지털 1로 83 파트너스타워 1차 9층
전화 (02)719-2211~3
팩스 (02)701-9386
등　　록 | 1977년 4월 28일 · 제1-421호

ISBN 978-89-426-1246-8 (93370)

값 8,000원

이 도서의 국립중앙도서관 출판예정도서목록(CIP)은 서지정보유통지원시스템 홈페이지(http://seoji.nl.go.kr)와 국가자료공동목록시스템(http://www.nl.go.kr/kolisnet)에서 이용하실 수 있습니다.(CIP제어번호: CIP2019029304)